Marie Lehoux

Recettes
Zéro Sucre
et
IG bas
300

Choix de repas pour manger sainement
tous les jours

Tous droits réservés

Tous droits de reproduction, d'adaptation et de traduction, intégrale ou partielle réservés pour tous pays. L'auteur ou l'éditeur est seul propriétaire des droits et responsable du contenu de ce livre.

© 2023 Marie Lehoux

ISBN : 9798857460382

Table des matières

Introduction 15

Petit-déjeuner 17

1. Porridge aux Baies Chia 18
2. Omelette aux Légumes 18
3. Smoothie Vert aux Épinards 19
4. Pancakes à la Banane 19
5. Muesli Maison 20
6. Tartines d'Avocat et Saumon Fumé 20
7. Smoothie aux Myrtilles et Noix de Coco 21
8. Crêpes à la Farine d'Amande 21
9. Bircher Muesli aux Pommes 22
10. Œufs Brouillés aux Légumes 22
11. Pudding de Chia à la Vanille 23
12. Pain aux Graines et à la Courge 23
13. Smoothie Bowl aux Fruits Rouges 24
14. Yaourt Grec aux Noix et Cannelle 24
15. Pancakes à la Farine de Noix de Coco 25
16. Pudding aux Pommes et Noix de Coco 25
17. Tartines d'Œufs Brouillés aux Épinards 26
18. Barres Énergétiques aux Noix et Fruits Séchés 26
19. Pain aux Bananes et Noix de Pécan 27
20. Smoothie Antioxydant aux Agrumes 27

Collations 28

21. Bâtonnets de Carottes et Houmous 29

22.	Amandes Rôties aux Épices	29
23.	Brochettes de Fruits	30
24.	Croustilles de Chou Frisé	30
25.	Yaourt Grec aux Noix	31
26.	Rondelles de Concombre au Saumon Fumé	31
27.	Boules d'Énergie aux Noix et Dattes	32
28.	Guacamole avec Légumes Croquants	32
29.	Roulés de Jambon et Fromage	33
30.	Barres de Noix et Graines	33
31.	Chips de Courgettes au Four	34
32.	Tranches de Pommes avec Beurre d'Amande	34
33.	Bâtonnets de Céleri et Beurre d'Arachide	35
34.	Smoothie Vert	35
35.	Œuf Dur aux Épices	36
36.	Tomates Cerises et Mozzarella	36
37.	Bâtonnets de Poivron et Houmous	37
38.	Pois Chiches Rôtis	37
39.	Crevettes Grillées à l'Ail et au Citron	38
40.	Roulés de Laitue aux Protéines	38

Soupes et potages 39

41.	Soupe aux Légumes d'Hiver	40
42.	Potage aux Épinards et Noix de Coco	40
43.	Soupe aux Champignons	41
44.	Soupe aux Lentilles Corail	41
45.	Potage au Brocoli	42
46.	Soupe de Tomates aux Poivrons	42
47.	Soupe aux Asperges	43
48.	Potage au Chou-Fleur	43

49. Soupe aux Pois Cassés 44
50. Potage aux Courgettes 44
51. Soupe aux Haricots Blancs 45
52. Potage aux Poireaux 45
53. Soupe aux Épinards et Citron 46
54. Velouté de Patate Douce 46
55. Soupe aux Poivrons Rouges 47
56. Potage aux Tomates et Basilic 47
57. Soupe aux Courgettes et Céleri 48
58. Velouté de Champignons 48
59. Soupe aux Haricots Verts 49
60. Soupe aux Pois Chiches et Épinards 49

Salades 50

61. Salade de Poulet Grillé et Avocat 51
62. Salade de Saumon et Quinoa 51
63. Salade de Légumes Grillés 52
64. Salade de Chou Kale et Poulet 52
65. Salade de Roquette et Feta 53
66. Salade de Crevettes et Avocat 53
67. Salade de Haricots Verts et Amandes 54
68. Salade de Brocoli et Noix 54
69. Salade de Poivrons et Tomates 55
70. Salade de Concombre et Menthe 55
71. Salade de Haricots Blancs et Tomates Séchées 56
72. Salade de Radis et Céleri-rave 56
73. Salade de Tomates et Mozzarella 57
74. Salade de Lentilles et Légumes 57
75. Salade de Poulet César 58

76. Salade de Roquette et Saumon Fumé ... 58
77. Salade de Quinoa aux Légumes ... 59
78. Salade d'Endives et Noix ... 59
79. Salade de Courgettes Crues ... 60
80. Salade de Tofu et Épinards ... 60

Plats principaux - viandes et poissons ... 61

81. Poulet Grillé aux Herbes ... 62
82. Bœuf Sauté aux Légumes ... 62
83. Côtelettes d'Agneau aux Herbes ... 63
84. Porc aux Champignons ... 63
85. Boulettes de Dinde aux Épinards ... 64
86. Curry de Poulet et Légumes ... 64
87. Bœuf Bourguignon Léger ... 65
88. Saumon en Papillote ... 65
89. Filet de Poisson Grillé aux Herbes ... 66
90. Poisson en Croûte de Noix ... 66
91. Brochettes de Crevettes et Légumes ... 67
92. Truite aux Amandes ... 67
93. Papillotes de Cabillaud aux Légumes ... 68
94. Poisson Poêlé aux Épinards ... 68
95. Morue à la Vapeur avec Légumes ... 69
96. Crevettes à la Sauce Tomate ... 69
97. Filet de Cabillaud à la Crème d'Avocat ... 70
98. Brochettes de Saumon et Légumes ... 70
99. Poisson à la Marocaine ... 71
100. Boulettes de Poisson aux Herbes ... 71

Plats principaux – végétariens 72

- 101. Chili Végétarien 73
- 102. Curry de Légumes 73
- 103. Lasagnes aux Légumes 74
- 104. Tofu Sauté aux Légumes 74
- 105. Burgers aux Légumes 75
- 106. Pâtes à la Courgette 75
- 107. Bowl de Quinoa aux Légumes 76
- 108. Riz Frit aux Légumes 76
- 109. Couscous aux Légumes 77
- 110. Pain de Lentilles 77
- 111. Curry de Pois Chiches 78
- 112. Pâtes aux Légumes et Pesto 78
- 113. Biryani aux Légumes 79
- 114. Tofu Teriyaki aux Légumes 79
- 115. Ratatouille 80
- 116. Pois Chiches Rôtis aux Épices 80
- 117. Gnocchis aux Épinards et Sauce Crémeuse 81
- 118. Tarte aux Légumes 81
- 119. Poke Bowl Végétarien 82
- 120. Ratatouille Grillée 82

Plats d'accompagnements 83

- 121. Chou-fleur Rôti 84
- 122. Purée de Chou-fleur 84
- 123. Brocolis à l'Ail et au Citron 85
- 124. Purée d'Aubergines 85
- 125. Asperges Grillées 86

126.	Salade de Concombre et Radis	86
127.	Champignons Sautés à l'Ail	87
128.	Frites de Patate Douce	87
129.	Courgettes Grillées au Parmesan	88
130.	Purée de Courge Musquée	88
131.	Haricots Verts Sautés à l'Amande	89
132.	Purée de Céleri-rave	89
133.	Salade de Légumes Rôtis	90
134.	Salade de Chou Frisé	90
135.	Ratatouille	91
136.	Champignons Portobello Grillés	91
137.	Purée de Carottes	92
138.	Salade de Chou Rouge	92
139.	Riz aux Légumes	93
140.	Frites de Panais	93

Pâtes et substituts de glucides 94

141.	Spaghetti de Courgettes au Pesto	95
142.	Lasagnes à la Courge	95
143.	Pâtes au Brocoli et à l'Ail	96
144.	Frittata aux Légumes et Quinoa	96
145.	Pâtes à la Sauce Avocat et Épinards	97
146.	Pâtes au Chou-fleur et au Parmesan	97
147.	Pad Thai aux Légumes	98
148.	Salade de Pâtes au Pesto d'Avocat	98
149.	Pâtes au Pesto de Noix	99
150.	Pâtes de Lentilles au Brocoli	99
151.	Pâtes au Beurre d'Arachide et Légumes	100
152.	Raviolis aux Épinards et à la Ricotta	100

153. Pâtes aux Légumes Grillés 101
154. Nouilles de Konjac à la Sauce Tomate 101
155. Pâtes à la Sauce Tomate et aux Crevettes 102
156. Pâtes au Curry de Légumes 102
157. Pâtes à la Sauce Alfredo Légère 103
158. Salade de Pâtes Méditerranéenne 103
159. Pâtes au Saumon et aux Épinards 104
160. Pâtes à la Crème d'Artichauts 104

Desserts 105

161. Yaourt Grec aux Baies Fraîches 106
162. Compote de Pommes Cannelle 106
163. Smoothie Vert aux Épinards et Avocat 107
164. Mousse au Chocolat Avocat 107
165. Boules d'Énergie aux Noix 108
166. Purée de Mangue 108
167. Crème Chia aux Baies 109
168. Tartelette aux Fruits 109
169. Glace à la Banane 110
170. Tarte aux Noix et aux Dattes 110
171. Pouding au Chia et Cacao 111
172. Poires Cuites au Four 111
173. Crêpes à la Farine d'Amande 112
174. Pudding à la Noix de Coco 112
175. Gâteau aux Carottes 113
176. Crumble aux Pommes 113
177. Pancakes à la Banane 114
178. Muffins aux Myrtilles et Amandes 114
179. Chia Pudding au Cacao 115

180. Mousse au Coco et aux Baies 115

Boissons 116

181. Eau Infusée aux Agrumes 117
182. Thé Vert à la Menthe 117
183. Smoothie Vert Détox 117
184. Limonade au Citron Vert 118
185. Infusion de Camomille 118
186. Smoothie à la Mangue et au Gingembre 118
187. Infusion à la Menthe et au Gingembre 119
188. Latte au Curcuma 119
189. Jus de Légumes Verts 119
190. Infusion au Hibiscus 120
191. Smoothie à la Framboise et à la Noix de Coco 120
192. Café Glacé à la Vanille 120
193. Infusion au Gingembre et à la Citronnelle 121
194. Smoothie aux Myrtilles et à la Menthe 121
195. Eau de Coco Naturelle 121
196. Smoothie à l'Ananas et à la Noix de Coco 122
197. Infusion à la Menthe Poivrée 122
198. Jus de Carotte et Gingembre 122
199. Smoothie à la Pastèque et à la Menthe 123
200. Infusion au Romarin et au Citron 123

Boulangerie et pâtisserie 124

201. Pain aux Noix et aux Graines 125
202. Muffins aux Myrtilles 125
203. Biscuits à l'Avoine et aux Noix 125
204. Pancakes à la Farine de Noix de Coco 126

205.	Croissants aux Amandes	126
206.	Pain aux Bananes et aux Noix	126
207.	Tartelettes aux Fruits	127
208.	Brioche aux Pommes et à la Cannelle	127
209.	Pain Plat aux Courgettes	127
210.	Muffins à la Citrouille et à la Noix de Coco	128
211.	Pain aux Noix de Pécan	128
212.	Cookies à la Noix de Coco et aux Amandes	128
213.	Pain aux Épices et à la Courge	129
214.	Tarte à la Patate Douce et aux Noix	129
215.	Pain aux Carottes et aux Noix	129
216.	Beignets à la Courgette	130
217.	Tartelettes à la Crème de Noix de Coco	130
218.	Pain aux Noix de Cajou et à la Banane	130
219.	Galette aux Pommes et aux Amandes	131
220.	Pain aux Courgettes et aux Graines	131

Ragoûts 132

221.	Ragoût de Haricots Blancs et Légumes	133
222.	Ragoût de Poulet et Légumes Racines	133
223.	Ragoût de Pois Chiches et Épinards	134
224.	Ragoût de Bœuf aux Champignons	134
225.	Ragoût de Légumes d'Automne	135
226.	Ragoût de Poisson aux Légumes	135
227.	Ragoût de Dinde et Légumes	136
228.	Ragoût Végétarien aux Lentilles	136
229.	Ragoût de Porc et Chou Frisé	137
230.	Ragoût de Tofu et Légumes	137
231.	Ragoût d'Agneau aux Légumes	138

232. Ragoût de Quinoa aux Légumes 138
233. Ragoût de Canard aux Champignons 139
234. Ragoût de Veau aux Légumes 139
235. Ragoût de Saumon aux Légumes 140
236. Ragoût de Chou et Pommes de Terre 140
237. Ragoût de Crevettes et Légumes 141
238. Ragoût de Lapin aux Légumes 141
239. Ragoût de Tofu et Légumes Racines 142
240. Ragoût de Bœuf aux Légumes d'Hiver 142

Crèmes et sauces 143

241. Sauce Tomate Maison 144
242. Sauce à l'Avocat 144
243. Sauce au Yaourt et Concombre 145
244. Sauce au Poivre Vert 145
245. Sauce Pesto 146
246. Crème Champignon et Thym 146
247. Sauce Citronnée au Beurre 147
248. Sauce Moutarde et Estragon 147
249. Sauce Cacahuète et Coco 148
250. Sauce au Fromage Blanc et Fines Herbes 148
251. Sauce Curry au Lait de Coco 149
252. Sauce aux Épinards et Noix de Cajou 149
253. Sauce au Roquefort 150
254. Sauce au Citron et au Persil 150
255. Sauce au Poivre Noir 151
256. Sauce à l'Ail et au Persil 151
257. Crème de Noix de Cajou et Herbes 152
258. Sauce aux Champignons et Vin Blanc 152

| 259. | Sauce au Yaourt et Curcuma | 153 |
| 260. | Sauce au Chocolat Noir et Noix | 153 |

Plats internationaux 154

261.	Pad Thai aux Légumes et Crevettes	155
262.	Curry de Légumes à la Noix de Coco	155
263.	Tacos au Poulet Grillé	156
264.	Sushi Bowl	156
265.	Ratatouille Provençale	157
266.	Tajine de Poulet aux Olives et Citron Confits	157
267.	Salade Grecque	158
268.	Riz Frit aux Légumes et Tofu	158
269.	Couscous aux Légumes et Pois Chiches	159
270.	Salade de Quinoa à la Péruvienne	159
271.	Poke Bowl au Saumon	160
272.	Pâtes à la Puttanesca	160
273.	Miso Soup aux Algues et Tofu	161
274.	Chili Végétarien	161
275.	Bibimbap Coréen	162
276.	Moussaka Grecque	162
277.	Nasi Goreng Indonésien	163
278.	Risotto aux Champignons	163
279.	Ceviche Péruvien	164
280.	Rouleaux de Printemps Vietnamien	164

Petites douceurs 165

281.	Truffes à la Noix de Coco et Amandes	166
282.	Barres Énergétiques aux Noix et Fruits Séchés	166
283.	Muffins à la Banane et aux Noix	167

284. Pancakes à la Farine de Noix de Coco 167
285. Carrés au Chocolat Noir et Noix 168
286. Boules d'Énergie aux Baies 168
287. Popsicles aux Fruits 169
288. Barres au Quinoa Soufflé 169
289. Mousse au Chocolat et à l'Avocat 170
290. Cookies à l'Avoine et aux Pépites de Chocolat Noir 170
291. Yaourt Grec aux Fruits Rouges 171
292. Tartelettes aux Fruits 171
293. Compote de Pommes Cannelle 172
294. Pudding de Chia à la Vanille 172
295. Smoothie Bowl aux Baies 173
296. Bouchées aux Noix et Dattes 173
297. Glace à la Banane et au Cacao 174
298. Cubes de Gelée aux Fruits 174
299. Barres de Coco et Amandes 174
300. Carrés aux Noix de Cajou et Matcha 174

Introduction

À une époque où l'alimentation joue un rôle crucial dans notre bien-être physique et mental, il n'a jamais été aussi important de faire des choix éclairés pour notre santé. Dans un monde où les tentations sucrées et les aliments à indice glycémique élevé sont omniprésents, adopter un mode de vie axé sur une alimentation saine et équilibrée est un acte de bienveillance envers notre corps et notre esprit. C'est dans cette optique que ce livre, "Recettes Zéro Sucre et IG Bas : 300 Choix de Repas pour Manger Sainement Tous les Jours", prend tout son sens.

Loin d'être un simple livre de recettes, cet ouvrage est une invitation à un changement de paradigme alimentaire. Il repose sur une philosophie fondée sur la compréhension des effets du sucre et de l'indice glycémique sur notre santé, ainsi que sur la volonté de privilégier des alternatives plus saines sans pour autant sacrifier la satisfaction gustative. Nous croyons en la capacité de chacun à faire des choix informés pour son bien-être, et ce livre a été conçu pour faciliter cette démarche.

Les 300 recettes présentées ici sont le fruit d'une recherche minutieuse et d'une sélection rigoureuse d'ingrédients respectueux de la santé. Chaque recette a été soigneusement élaborée pour garantir un niveau de sucre minimal et un indice glycémique bas, tout en offrant une explosion de saveurs, de textures et d'arômes qui stimuleront vos papilles gustatives.

Des petits déjeuners revigorants aux dîners conviviaux en passant par des collations énergisantes et des desserts gourmands, ce livre vous propose une vaste gamme de repas équilibrés pour tous les moments de la journée.

Mais ce livre est bien plus qu'un simple guide culinaire. Il constitue un compagnon fidèle dans votre quête d'une alimentation saine. Outre les recettes détaillées, vous y trouverez des informations précieuses sur les avantages d'une alimentation zéro sucre et à indice glycémique bas, ainsi que des conseils pratiques pour une mise en pratique réussie au quotidien. De plus, nous abordons les ingrédients clés qui font la différence dans la création de repas nourrissants et délicieux.

Notre objectif est de vous offrir bien plus qu'une simple collection de recettes. Nous souhaitons vous guider vers un mode de vie qui favorise la vitalité, la clarté mentale et le bien-être général. Que vous soyez novice en matière de cuisine saine ou un expert passionné, ce livre est conçu pour vous inspirer à adopter des habitudes alimentaires qui vous procureront une satisfaction durable.

Préparez-vous à embarquer pour un voyage gastronomique délicieux et épanouissant, où chaque bouchée vous rapprochera de votre meilleur état de santé. "Recettes Zéro Sucre et IG Bas : 300 Choix de Repas pour Manger Sainement Tous les Jours" est bien plus qu'un livre de cuisine ; c'est une ressource précieuse pour une vie équilibrée, saine et pleine de saveurs.

Petit-déjeuner

1. Porridge aux Baies Chia

Ingrédients : pour 4 personnes
- 100 g de flocons d'avoine complets.
- 4 cuillères à soupe de graines de chia.
- 500 ml d'eau.
- 250 ml de lait d'amande non sucré.
- Baies fraîches (framboises, myrtilles) pour garnir.

Préparation :
Dans une casserole, mélangez les flocons d'avoine, les graines de chia, l'eau et le lait d'amande.
Faites chauffer à feu moyen jusqu'à ce que le mélange épaississe, en remuant régulièrement.
Répartissez dans des bols et garnissez de baies fraîches.

2. Omelette aux Légumes

Ingrédients : pour 4 personnes
- 8 œufs.
- 1 poivron rouge, coupé en dés.
- 1 courgette, coupée en rondelles.
- 1 oignon rouge, haché.
- 30 ml d'huile d'olive.
- Sel et poivre au goût.

Préparation :
Dans une poêle, faites chauffer l'huile d'olive à feu moyen.
Ajoutez les légumes et faites sauter jusqu'à ce qu'ils soient tendres.
Battez les œufs dans un bol, assaisonnez avec du sel et du poivre, puis versez-les sur les légumes.
Laissez cuire jusqu'à ce que les œufs soient pris, puis pliez l'omelette en deux avant de servir.

3. Smoothie Vert aux Épinards

Ingrédients : pour 4 personnes
- 200 g d'épinards frais.
- 500 ml de lait de coco non sucré.
- 1 avocat mûr.
- 1 concombre, pelé et coupé en morceaux.
- Jus d'un citron.
- Quelques feuilles de menthe (facultatif).

Préparation :
Dans un mixeur, combinez les épinards, le lait de coco, l'avocat, le concombre et le jus de citron.
Mixez jusqu'à obtenir une consistance lisse.
Ajoutez des feuilles de menthe et mixez brièvement.
Versez dans des verres et dégustez.

4. Pancakes à la Banane

Ingrédients : pour 4 personnes
- 2 bananes mûres écrasées.
- 4 œufs.
- 5 ml d'extrait de vanille.
- 2,5 ml de cannelle.
- Huile de coco pour la cuisson.

Préparation :
Dans un bol, mélangez les bananes écrasées, les œufs, la vanille et la cannelle jusqu'à obtenir un mélange homogène.
Faites chauffer un peu d'huile de coco dans une poêle antiadhésive.
Versez la pâte à pancakes dans la poêle pour former des petits cercles.
Faites cuire jusqu'à ce que des bulles se forment à la surface, puis retournez et faites cuire l'autre côté.
Servez avec des baies fraîches ou du yaourt grec.

5. Muesli Maison

Ingrédients : pour 4 personnes
- 200 g de flocons d'avoine complets.
- 50 g de noix hachées (amandes, noix, noisettes).
- 30 g de graines de lin moulues.
- 30 g de graines de tournesol.
- 2,5 ml de cannelle.
- 125 ml de lait d'amande non sucré.
- Yaourt grec et fruits frais pour servir.

Préparation :
Dans un grand bol, mélangez les flocons d'avoine, les noix, les graines de lin, les graines de tournesol et la cannelle.
Ajoutez le lait d'amande et mélangez pour bien enrober.
Laissez reposer pendant environ 15 minutes pour que les flocons d'avoine absorbent le liquide.
Servez avec du yaourt grec et des fruits frais.

6. Tartines d'Avocat et Saumon Fumé

Ingrédients : pour 4 personnes
- 4 tranches de pain complet à faible IG.
- 2 avocats mûrs, écrasés.
- Jus d'un demi-citron.
- 100 g de saumon fumé.
- Poivre noir moulu.
- Ciboulette fraîche, hachée.

Préparation :
Dans un bol, écrasez les avocats et mélangez avec le jus de citron.
Faites griller les tranches de pain.
Tartinez chaque tranche de pain grillé avec le mélange d'avocat.
Disposez le saumon fumé sur le dessus.
Saupoudrez de poivre noir moulu et de ciboulette fraîche.
Servez immédiatement.

7. Smoothie aux Myrtilles et Noix de Coco

Ingrédients : pour 4 personnes
- 200 g de myrtilles congelées.
- 250 ml de lait de coco non sucré.
- 25 g de noix de coco râpée non sucrée.
- 15 ml de graines de chia.

Préparation :
Placez les myrtilles, le lait de coco et la noix de coco râpée dans un mixeur.
Mixez jusqu'à obtenir une consistance lisse.
Versez dans des verres et servez immédiatement.

8. Crêpes à la Farine d'Amande

Ingrédients : pour 4 personnes
- 150 g de farine d'amande.
- 4 œufs.
- 125 ml de lait d'amande non sucré.
- 5 ml d'extrait de vanille.
- 2,5 ml de levure chimique.
- Pincée de sel.
- Huile de coco pour la cuisson.

Préparation :

Dans un bol, mélangez la farine d'amande, les œufs, le lait d'amande, la vanille, la levure chimique et le sel jusqu'à obtenir une pâte lisse.
Faites chauffer un peu d'huile de coco dans une poêle antiadhésive.
Versez une petite quantité de pâte dans la poêle pour former des crêpes.
Faites cuire des deux côtés jusqu'à ce qu'elles soient dorées.
Servez avec des fruits frais ou du yaourt grec.

9. Bircher Muesli aux Pommes

Ingrédients : pour 4 personnes
- 150 g de flocons d'avoine complets.
- 250 ml de lait d'amande non sucré.
- 2 pommes, râpées.
- 50 g de noix hachées.
- 30 g de raisins secs.
- 5 ml d'extrait de vanille.

Préparation :
Dans un bol, mélangez les flocons d'avoine, le lait d'amande, les pommes râpées, les noix, les raisins secs et l'extrait de vanille.

Couvrez et réfrigérez toute la nuit pour que les saveurs se mélangent.

Avant de servir, mélangez à nouveau et ajoutez éventuellement des fruits frais en topping.

10. Œufs Brouillés aux Légumes

Ingrédients : pour 4 personnes
- 8 œufs.
- 1 poivron rouge, coupé en dés.
- 1 courgette, coupée en dés.
- 1 oignon rouge, haché.
- 30 ml d'huile d'olive.
- Sel et poivre au goût.
- Herbes fraîches (persil, ciboulette) pour garnir.

Préparation :
Dans une poêle, faites chauffer l'huile d'olive à feu moyen.

Ajoutez les légumes et faites sauter jusqu'à ce qu'ils soient tendres.

Battez les œufs dans un bol, assaisonnez avec du sel et du poivre, puis versez-les sur les légumes.

Remuez doucement jusqu'à ce que les œufs soient brouillés et cuits.

Garnissez d'herbes fraîches avant de servir.

11. Pudding de Chia à la Vanille

Ingrédients : pour 4 personnes
- 80 g de graines de chia.
- 500 ml de lait d'amande non sucré.
- 5 ml d'extrait de vanille.
- Édulcorant naturel au goût (stevia, érythritol).
- Fruits frais pour garnir.

Préparation :
Dans un bol, mélangez les graines de chia, le lait d'amande, l'extrait de vanille et l'édulcorant.
Remuez bien et laissez reposer au réfrigérateur pendant au moins 2 heures, idéalement toute la nuit.
Avant de servir, remuez à nouveau et garnissez de fruits frais.

12. Pain aux Graines et à la Courge

Ingrédients : pour 4 personnes
- 200 g de farine d'amande.
- 100 g de graines de tournesol.
- 50 g de graines de courge.
- 30 g de graines de lin.
- 5 œufs.
- 10 ml d'huile d'olive.
- 5 ml de levure chimique.
- Pincée de sel.

Préparation :
Préchauffez le four à 180°C.
Dans un bol, mélangez la farine d'amande, les graines de tournesol, les graines de courge, les graines de lin, les œufs, l'huile d'olive, la levure chimique et le sel.
Versez la pâte dans un moule à pain préalablement graissé.
Faites cuire au four pendant environ 40-45 minutes, ou jusqu'à ce que le pain soit doré et qu'un cure-dent inséré au centre en ressorte propre.
Laissez refroidir avant de trancher et de servir.

13. Smoothie Bowl aux Fruits Rouges

Ingrédients : pour 4 personnes
- 200 g de fruits rouges congelés (framboises, myrtilles, fraises).
- 1 banane mûre.
- 150 ml de lait de coco non sucré.
- 30 g de graines de chia.

Préparation :
Dans un mixeur, combinez les fruits rouges, la banane et le lait de coco.
Mixez jusqu'à obtenir une consistance lisse et crémeuse.
Versez dans des bols et saupoudrez de graines de chia.
Ajoutez éventuellement des tranches de banane ou d'autres fruits frais en topping.

14. Yaourt Grec aux Noix et Cannelle

Ingrédients : pour 4 personnes
- 500 g de yaourt grec nature.
- 50 g de noix hachées.
- 5 ml d'extrait de vanille.
- 2,5 ml de cannelle.
- Édulcorant naturel au goût (stevia, érythritol).
- Fruits frais pour garnir.

Préparation :
Dans un bol, mélangez le yaourt grec, les noix, l'extrait de vanille, la cannelle et l'édulcorant.
Remuez bien et répartissez dans des bols individuels.
Garnissez de fruits frais avant de servir.

15. Pancakes à la Farine de Noix de Coco

Ingrédients : pour 4 personnes
- 100 g de farine de noix de coco.
- 4 œufs.
- 125 ml de lait d'amande non sucré.
- 5 ml d'extrait de vanille.
- 2,5 ml de levure chimique.
- Pincée de sel.
- Huile de coco pour la cuisson.

Préparation :
Dans un bol, mélangez la farine de noix de coco, les œufs, le lait d'amande, la vanille, la levure chimique et le sel jusqu'à obtenir une pâte lisse.
Faites chauffer un peu d'huile de coco dans une poêle antiadhésive.
Versez une petite quantité de pâte dans la poêle pour former des crêpes.
Faites cuire des deux côtés jusqu'à ce qu'elles soient dorées.
Servez avec des baies fraîches ou du yaourt grec.

16. Pudding aux Pommes et Noix de Coco

Ingrédients : pour 4 personnes
- 100 g de graines de chia. + 500 ml de lait de coco non sucré.
- 2 pommes, coupées en petits dés. + 50 g de noix de coco râpée non sucrée.
- 5 ml d'extrait de vanille.
- Édulcorant naturel au goût (stevia, érythritol).
- Noix hachées pour garnir.

Préparation :
Dans un bol, mélangez les graines de chia, le lait de coco, les dés de pommes, la noix de coco râpée, l'extrait de vanille et l'édulcorant.
Remuez bien et réfrigérez toute la nuit pour que les saveurs se mélangent.
Avant de servir, remuez à nouveau et garnissez de noix hachées.

17. Tartines d'Œufs Brouillés aux Épinards

Ingrédients : pour 4 personnes

- 8 œufs.
- 200 g d'épinards frais.
- 30 ml d'huile d'olive.
- Sel et poivre au goût.
- Pain complet à faible IG.

Préparation :

Dans une poêle, faites chauffer l'huile d'olive à feu moyen.
Ajoutez les épinards et faites-les sauter jusqu'à ce qu'ils soient flétris.
Battez les œufs dans un bol, assaisonnez avec du sel et du poivre, puis versez-les sur les épinards.
Remuez doucement jusqu'à ce que les œufs soient brouillés et cuits.
Servez sur des tranches de pain complet.

18. Barres Énergétiques aux Noix et Fruits Séchés

Ingrédients : pour 4 personnes

- 150 g de noix mélangées (amandes, noix, noisettes), hachées.
- 50 g de graines de tournesol. + 50 g de graines de lin.
- 100 g de dattes dénoyautées, hachées. + 100 g d'abricots secs, hachés.
- 30 g de poudre de cacao non sucrée.
- 5 ml d'extrait de vanille.
- 30 ml d'huile de coco fondue.

Préparation :

Dans un grand bol, mélangez les noix, les graines de tournesol, les graines de lin, les dattes, les abricots secs, la poudre de cacao, l'extrait de vanille et l'huile de coco.
Mélangez bien pour former une pâte collante.
Étalez la pâte dans un plat carré et pressez-la fermement.
Réfrigérez pendant au moins 2 heures, puis coupez en barres avant de servir.

19. Pain aux Bananes et Noix de Pécan

Ingrédients : pour 4 personnes
- 3 bananes mûres, écrasées.
- 4 œufs. + 100 g de farine d'amande.
- 50 g de farine de noix de coco.
- 50 g de noix de pécan hachées.
- 5 ml d'extrait de vanille.
- 2,5 ml de cannelle.
- 5 ml de levure chimique.

Préparation :
Préchauffez le four à 180°C.
Dans un bol, mélangez les bananes écrasées, les œufs, la farine d'amande, la farine de noix de coco, les noix de pécan, l'extrait de vanille, la cannelle et la levure chimique.
Versez la pâte dans un moule à pain préalablement graissé.
Faites cuire au four pendant environ 40-45 minutes, ou jusqu'à ce que le pain soit doré et qu'un cure-dent inséré au centre en ressorte propre.
Laissez refroidir avant de trancher et de servir.

20. Smoothie Antioxydant aux Agrumes

Ingrédients : pour 4 personnes
- 2 oranges, pelées et coupées en morceaux.
- 1 pamplemousse, pelé et coupé en morceaux.
- 1 citron, pelé et coupé en morceaux.
- 150 ml d'eau de coco. + 30 g de graines de chia.

Préparation :
Dans un mixeur, combinez les morceaux d'oranges, de pamplemousse et de citron.
Ajoutez l'eau de coco et les graines de chia.
Mixez jusqu'à obtenir une consistance lisse.
Versez dans des verres et dégustez.

Collations

21. Bâtonnets de Carottes et Houmous

Ingrédients : pour 4 personnes

- Carottes coupées en bâtonnets.
- Houmous maison (200 g de pois chiches cuits, 2 cuillères à soupe de tahini, jus de 1 citron, 2 cuillères à soupe d'huile d'olive, sel, poivre).

Préparation :

Préparez le houmous en mixant tous les ingrédients dans un mixeur jusqu'à obtenir une consistance lisse.

Servez les bâtonnets de carottes avec le houmous pour tremper.

22. Amandes Rôties aux Épices

Ingrédients : pour 4 personnes

- Amandes crues (100 g).
- Mélange d'épices (1 cuillère à café de cumin, 1/2 cuillère à café de paprika, 1/2 cuillère à café de curcuma, 1/2 cuillère à café de poudre d'ail).
- 1 cuillère à soupe d'huile d'olive.
- Sel.

Préparation :

Préchauffez le four à 160°C.
Dans un bol, mélangez les amandes, les épices, l'huile d'olive et le sel.
Étalez les amandes sur une plaque de cuisson et faites rôtir pendant environ 15-20 minutes, en remuant à mi-cuisson.
Laissez refroidir avant de déguster.

23. Brochettes de Fruits

Ingrédients : pour 4 personnes

- Fruits à faible IG (baies, melon, poire).
- Brochettes en bois.

Préparation :

Coupez les fruits en morceaux.

Enfilez les morceaux de fruits sur les brochettes.

Servez les brochettes de fruits colorées.

24. Croustilles de Chou Frisé

Ingrédients : pour 4 personnes

- Feuilles de chou frisé (kale).
- 1 cuillère à soupe d'huile d'olive.
- Assaisonnements (sel, poivre, 1/2 cuillère à café de poudre d'oignon).

Préparation :

Préchauffez le four à 150°C.

Lavez et séchez soigneusement les feuilles de chou frisé.

Massez les feuilles avec de l'huile d'olive et les assaisonnements.

Disposez les feuilles sur une plaque de cuisson et faites cuire pendant environ 10-15 minutes, jusqu'à ce qu'elles soient croustillantes.

Laissez refroidir avant de déguster.

25. Yaourt Grec aux Noix

Ingrédients : pour 4 personnes

- Yaourt grec nature (200 g).
- Noix hachées (amandes, noix de cajou, noisettes) (30 g).
- Quelques baies pour la touche sucrée.

Préparation :

Dans un bol, déposez le yaourt grec.

Saupoudrez de noix hachées et de baies fraîches.

26. Rondelles de Concombre au Saumon Fumé

Ingrédients : pour 4 personnes

- Rondelles de concombre.
- Saumon fumé (50 g).
- Aneth frais.

Préparation :

Placez une rondelle de concombre.

Ajoutez un morceau de saumon fumé plié.

Garnissez d'aneth frais.

27. Boules d'Énergie aux Noix et Dattes

Ingrédients : pour 4 personnes
- Noix mélangées (amandes, noix, noisettes) (100 g).
- Dattes dénoyautées (100 g).
- Pincée de cannelle.
- Noix de coco râpée (pour enrober).

Préparation :
Dans un mixeur, mélangez les noix et les dattes jusqu'à obtenir une pâte collante.

Ajoutez la cannelle et mélangez à nouveau.

Formez des petites boules et roulez-les dans la noix de coco râpée.

Réfrigérez avant de déguster.

28. Guacamole avec Légumes Croquants

Ingrédients : pour 4 personnes

- Avocats mûrs (2).
- Jus de citron (1 citron).
- Tomates, oignons, coriandre (pour le guacamole).
- Légumes croquants (concombre, céleri) pour tremper.

Préparation :
Écrasez les avocats et mélangez-les avec le jus de citron, les tomates, les oignons et la coriandre pour préparer le guacamole.
Coupez les légumes croquants en bâtonnets.
Servez le guacamole avec les légumes pour tremper.

29. Roulés de Jambon et Fromage

Ingrédients : pour 4 personnes

- Tranches de jambon de qualité.
- Fromage à faible teneur en gras.
- Épinards frais.
- Moutarde (sans sucre ajouté).

Préparation :

Placez une tranche de jambon.

Ajoutez des épinards frais et une tranche de fromage.

Ajoutez un peu de moutarde et roulez le tout.

30. Barres de Noix et Graines

Ingrédients : pour 4 personnes

- Noix mélangées (amandes, noix, noisettes) (100 g).
- Graines de tournesol et graines de citrouille (50 g).
- Graines de chia (30 g).
- Mélange de beurre de noix (amande, cacahuète) (2 cuillères à soupe) pour lier.

Préparation :

Dans un mixeur, mélangez les noix et les graines jusqu'à obtenir une texture granuleuse.

Ajoutez les graines de chia et le beurre de noix pour former une pâte.

Étalez la pâte dans un plat et réfrigérez pour qu'elle se solidifie.

Coupez en barres avant de déguster.

31. Chips de Courgettes au Four

Ingrédients : pour 4 personnes

- Courgettes en tranches fines (2).
- 2 cuillères à soupe d'huile d'olive.
- Assaisonnements (sel, poivre, paprika).

Préparation :

Préchauffez le four à 150°C.

Mélangez les tranches de courgettes avec l'huile d'olive et les assaisonnements.

Disposez les tranches sur une plaque de cuisson et faites cuire pendant environ 20-25 minutes, en les retournant à mi-cuisson.

Laissez refroidir avant de déguster.

32. Tranches de Pommes avec Beurre d'Amande

Ingrédients : pour 4 personnes

- Pommes en tranches.
- Beurre d'amande naturel (sans sucre ajouté).

Préparation :

Étalez les tranches de pommes.

Tartinez chaque tranche avec du beurre d'amande.

33. Bâtonnets de Céleri et Beurre d'Arachide

Ingrédients : pour 4 personnes

- Céleri coupé en bâtonnets.
- Beurre d'arachide naturel (sans sucre ajouté).

Préparation :

Servez les bâtonnets de céleri avec du beurre d'arachide pour tremper.

34. Smoothie Vert

Ingrédients : pour 4 personnes

- Épinards frais (une poignée).
- 1 avocat.
- 1/2 concombre.
- 150 ml de lait d'amande non sucré.
- Quelques gouttes de jus de citron.

Préparation :

Mixez les épinards, l'avocat, le concombre et le lait d'amande jusqu'à obtenir un mélange lisse.

Ajoutez quelques gouttes de jus de citron et mélangez.

35. Œuf Dur aux Épices

Ingrédients : pour 4 personnes

- Œufs durs.
- Mélange d'épices (1/2 cuillère à café de curcuma, 1/2 cuillère à café de paprika, pincée de poivre).
- Pincée de sel.

Préparation :

Écalez les œufs durs.

Mélangez les épices et le sel dans un bol.

Roulez les œufs durs dans le mélange d'épices pour les enrober.

36. Tomates Cerises et Mozzarella

Ingrédients : pour 4 personnes

- Tomates cerises.
- Boules de mozzarella.
- Feuilles de basilic frais.
- Huile d'olive extra vierge.

Préparation :

Coupez les tomates cerises en deux.

Coupez les boules de mozzarella en morceaux.

Placez une tomate cerise et un morceau de mozzarella sur un cure-dent.

Garnissez de feuilles de basilic et arrosez d'un filet d'huile d'olive.

37. Bâtonnets de Poivron et Houmous

Ingrédients : pour 4 personnes

- Poivrons coupés en bâtonnets.
- Houmous maison (200 g de pois chiches cuits, 2 cuillères à soupe de tahini, jus de 1 citron, 2 cuillères à soupe d'huile d'olive, sel, poivre).

Préparation :

Servez les bâtonnets de poivron avec le houmous pour tremper.

38. Pois Chiches Rôtis

Ingrédients : pour 4 personnes

- Pois chiches cuits et égouttés (200 g).
- Assaisonnements (1 cuillère à café de cumin, 1/2 cuillère à café de paprika fumé, pincée de sel, pincée de poivre).
- 1 cuillère à soupe d'huile d'olive.

Préparation :

Préchauffez le four à 180°C.

Mélangez les pois chiches avec les assaisonnements et l'huile d'olive.

Étalez les pois chiches sur une plaque de cuisson et faites rôtir pendant environ 20-25 minutes, en les secouant à mi-cuisson.

Laissez refroidir avant de déguster.

39. Crevettes Grillées à l'Ail et au Citron

Ingrédients : pour 4 personnes
- Crevettes décortiquées (150 g).
- Ail émincé (2 gousses).
- Jus de citron (1 citron).
- 2 cuillères à soupe d'huile d'olive.
- Herbes fraîches (persil, ciboulette).

Préparation :
Mélangez les crevettes avec l'ail, le jus de citron, l'huile d'olive et les herbes.

Faites griller les crevettes dans une poêle chaude jusqu'à ce qu'elles soient roses et cuites.

Servez chaud.

40. Roulés de Laitue aux Protéines

Ingrédients : pour 4 personnes
- Feuilles de laitue (romaine ou iceberg).
- Viande maigre (poulet grillé, dinde) ou tofu mariné (100 g).
- Légumes coupés en fines lanières (poivron, carotte).
- Moutarde ou vinaigrette sans sucre ajouté.

Préparation :
Placez une feuille de laitue.

Ajoutez la viande ou le tofu et les légumes.

Ajoutez un peu de moutarde ou de vinaigrette.

Roulez le tout et fixez avec un cure-dent.

Soupes et potages

41. Soupe aux Légumes d'Hiver

Ingrédients : pour 4 personnes

- Carottes, courges et poireaux coupés en dés.
- Bouillon de légumes sans sucre ajouté.
- Herbes fraîches (thym, romarin).
- Sel et poivre au goût.

Préparation :

Faites revenir les légumes dans une casserole avec un peu d'huile d'olive.
Ajoutez le bouillon de légumes, les herbes, le sel et le poivre.
Laissez mijoter jusqu'à ce que les légumes soient tendres.
Mixez la soupe jusqu'à obtenir une consistance lisse.

42. Potage aux Épinards et Noix de Coco

Ingrédients : pour 4 personnes

- Épinards frais.
- Lait de coco non sucré.
- Ail émincé.
- Noix de coco râpée.
- Sel et poivre au goût.

Préparation :

Faites cuire les épinards dans une casserole avec le lait de coco et l'ail.
Mixez le mélange jusqu'à obtenir une soupe crémeuse.
Garnissez de noix de coco râpée avant de servir.

43. Soupe aux Champignons

Ingrédients : pour 4 personnes

- Champignons variés tranchés.
- Oignons et ail hachés.
- Bouillon de légumes sans sucre ajouté.
- Thym frais.
- Sel et poivre au goût.

Préparation :

Faites sauter les champignons, les oignons et l'ail dans une casserole.
Ajoutez le bouillon de légumes, le thym, le sel et le poivre.
Laissez mijoter et mixez jusqu'à obtenir une texture lisse.

44. Soupe aux Lentilles Corail

Ingrédients : pour 4 personnes

- Lentilles corail rincées.
- Carottes et céleri coupés en dés.
- Bouillon de légumes sans sucre ajouté.
- Cumin moulu.
- Sel et poivre au goût.

Préparation :

Faites cuire les lentilles corail avec les légumes et le bouillon.
Ajoutez le cumin, le sel et le poivre.
Mixez la soupe jusqu'à obtenir une consistance veloutée.

45. Potage au Brocoli

Ingrédients : pour 4 personnes

- Têtes de brocoli coupées en morceaux.
- Oignons et ail hachés.
- Bouillon de légumes sans sucre ajouté.
- Curcuma en poudre.
- Sel et poivre au goût.

Préparation :

Faites cuire le brocoli avec les oignons et l'ail dans une casserole.
Ajoutez le bouillon de légumes, le curcuma, le sel et le poivre.
Mixez jusqu'à obtenir une texture lisse.

46. Soupe de Tomates aux Poivrons

Ingrédients : pour 4 personnes

- Tomates fraîches coupées en dés.
- Poivrons rouges grillés et pelés.
- Oignons et ail hachés.
- Bouillon de légumes sans sucre ajouté.
- Basilic frais.
- Sel et poivre au goût.

Préparation :

Faites revenir les oignons et l'ail dans une casserole.
Ajoutez les tomates, les poivrons et le bouillon de légumes.
Laissez mijoter et mixez la soupe.
Garnissez de basilic frais avant de servir.

47. Soupe aux Asperges

Ingrédients : pour 4 personnes

- Asperges coupées en morceaux.
- Oignons hachés.
- Bouillon de légumes sans sucre ajouté.
- Jus de citron.
- Herbes fraîches (cerfeuil, persil).
- Sel et poivre au goût.

Préparation :

Faites cuire les asperges et les oignons dans le bouillon.
Mixez la soupe et ajoutez le jus de citron, les herbes, le sel et le poivre.
Mélangez bien et réchauffez avant de servir.

48. Potage au Chou-Fleur

Ingrédients : pour 4 personnes

- Chou-fleur coupé en morceaux.
- Oignons et ail hachés.
- Bouillon de légumes sans sucre ajouté.
- Poudre d'oignon.
- Sel et poivre au goût.

Préparation :

Faites revenir les oignons et l'ail dans une casserole.
Ajoutez le chou-fleur et le bouillon de légumes.
Laissez mijoter et mixez jusqu'à obtenir une consistance onctueuse.
Assaisonnez avec la poudre d'oignon, le sel et le poivre.

49. Soupe aux Pois Cassés

Ingrédients : pour 4 personnes

- Pois cassés rincés.
- Carottes et céleri coupés en dés.
- Oignons et ail hachés.
- Bouillon de légumes sans sucre ajouté.
- Herbes fraîches (thym, laurier).
- Sel et poivre au goût.

Préparation :

Faites cuire les pois cassés avec les légumes et le bouillon.
Ajoutez les herbes, le sel et le poivre.
Laissez mijoter jusqu'à ce que les pois cassés soient tendres.
Retirez les herbes et mixez la soupe.

50. Potage aux Courgettes

Ingrédients : pour 4 personnes

- Courgettes coupées en dés.
- Oignons et ail hachés.
- Bouillon de légumes sans sucre ajouté.
- Cumin moulu.
- Sel et poivre au goût.

Préparation :

Faites revenir les oignons et l'ail dans une casserole.
Ajoutez les courgettes et le bouillon de légumes.
Laissez mijoter et mixez la soupe.
Assaisonnez avec le cumin, le sel et le poivre.

51. Soupe aux Haricots Blancs

Ingrédients : pour 4 personnes

- Haricots blancs cuits et égouttés.
- Carottes et céleri coupés en dés.
- Oignons et ail hachés.
- Bouillon de légumes sans sucre ajouté.
- Romarin frais.
- Sel et poivre au goût.

Préparation :

Faites revenir les oignons et l'ail dans une casserole.
Ajoutez les haricots blancs, les carottes et le céleri avec le bouillon de légumes.
Laissez mijoter jusqu'à ce que les légumes soient tendres.
Ajoutez le romarin, le sel et le poivre, puis mixez la soupe.

52. Potage aux Poireaux

Ingrédients : pour 4 personnes

- Poireaux coupés en rondelles.
- Pommes de terre coupées en dés.
- Bouillon de légumes sans sucre ajouté.
- Noix de muscade moulue.
- Sel et poivre au goût.

Préparation :

Faites revenir les poireaux dans une casserole.
Ajoutez les pommes de terre et le bouillon de légumes.
Laissez mijoter jusqu'à ce que les légumes soient tendres.
Mixez la soupe et assaisonnez avec la noix de muscade, le sel et le poivre.

53. Soupe aux Épinards et Citron

Ingrédients : pour 4 personnes

- Épinards frais.
- Oignons et ail hachés.
- Bouillon de légumes sans sucre ajouté.
- Jus de citron.
- Herbes fraîches (persil, ciboulette).
- Sel et poivre au goût.

Préparation :

Faites revenir les oignons et l'ail dans une casserole.
Ajoutez les épinards et le bouillon de légumes.
Laissez mijoter et mixez la soupe.
Ajoutez le jus de citron, les herbes, le sel et le poivre.

54. Velouté de Patate Douce

Ingrédients : pour 4 personnes

- Patates douces coupées en dés.
- Oignons et ail hachés.
- Bouillon de légumes sans sucre ajouté.
- Gingembre frais râpé.
- Sel et poivre au goût.

Préparation :

Faites revenir les oignons et l'ail dans une casserole.
Ajoutez les patates douces et le bouillon de légumes.
Laissez mijoter jusqu'à ce que les patates douces soient tendres.
Mixez la soupe et assaisonnez avec le gingembre, le sel et le poivre.

55. Soupe aux Poivrons Rouges

Ingrédients : pour 4 personnes

- Poivrons rouges grillés et pelés.
- Oignons et ail hachés.
- Bouillon de légumes sans sucre ajouté.
- Paprika fumé.
- Sel et poivre au goût.

Préparation :

Faites revenir les oignons et l'ail dans une casserole.
Ajoutez les poivrons rouges et le bouillon de légumes.
Laissez mijoter et mixez la soupe.
Assaisonnez avec le paprika fumé, le sel et le poivre.

56. Potage aux Tomates et Basilic

Ingrédients : pour 4 personnes

- Tomates fraîches coupées en dés.
- Oignons et ail hachés.
- Bouillon de légumes sans sucre ajouté.
- Feuilles de basilic frais.
- Sel et poivre au goût.

Préparation :

Faites revenir les oignons et l'ail dans une casserole.
Ajoutez les tomates et le bouillon de légumes.
Laissez mijoter et mixez la soupe.
Garnissez de feuilles de basilic avant de servir.

57. Soupe aux Courgettes et Céleri

Ingrédients : pour 4 personnes

- Courgettes coupées en dés.
- Céleri coupé en dés.
- Bouillon de légumes sans sucre ajouté.
- Herbes fraîches (persil, thym).
- Sel et poivre au goût.

Préparation :

Faites revenir les courgettes et le céleri dans une casserole.
Ajoutez le bouillon de légumes et les herbes.
Laissez mijoter jusqu'à ce que les légumes soient tendres.
Mixez la soupe et assaisonnez avec le sel et le poivre.

58. Velouté de Champignons

Ingrédients : pour 4 personnes

- Champignons variés tranchés.
- Oignons et ail hachés.
- Bouillon de légumes sans sucre ajouté.
- Crème de coco non sucrée.
- Herbes fraîches (persil, ciboulette).
- Sel et poivre au goût.

Préparation :

Faites revenir les oignons et l'ail dans une casserole.
Ajoutez les champignons et le bouillon de légumes.
Laissez mijoter et mixez la soupe.
Incorporez la crème de coco et les herbes.
Assaisonnez avec le sel et le poivre.

59. Soupe aux Haricots Verts

Ingrédients : pour 4 personnes

- Haricots verts coupés en morceaux.
- Oignons et ail hachés.
- Bouillon de légumes sans sucre ajouté.
- Thym frais.
- Sel et poivre au goût.

Préparation :

Faites revenir les oignons et l'ail dans une casserole.
Ajoutez les haricots verts et le bouillon de légumes.
Laissez mijoter jusqu'à ce que les haricots soient tendres.
Ajoutez le thym, le sel et le poivre, puis mixez la soupe.

60. Soupe aux Pois Chiches et Épinards

Ingrédients : pour 4 personnes

- Pois chiches cuits et égouttés.
- Épinards frais.
- Oignons et ail hachés.
- Bouillon de légumes sans sucre ajouté.
- Cumin moulu.
- Sel et poivre au goût.

Préparation :

Faites revenir les oignons et l'ail dans une casserole.
Ajoutez les pois chiches, les épinards et le bouillon de légumes.
Laissez mijoter jusqu'à ce que les épinards soient fanés.
Assaisonnez avec le cumin, le sel et le poivre, puis mixez la soupe.

Salades

61. Salade de Poulet Grillé et Avocat

Ingrédients : pour 4 personnes

- Poitrines de poulet grillées coupées en tranches.
- Avocats en dés.
- Laitue ou épinards frais.
- Tomates cerises.
- Vinaigrette à l'huile d'olive et au citron.

Préparation :

Disposez la laitue ou les épinards dans un bol.
Ajoutez les tranches de poulet, les dés d'avocat et les tomates cerises.
Arrosez de vinaigrette et mélangez doucement.

62. Salade de Saumon et Quinoa

Ingrédients : pour 4 personnes

- Filets de saumon cuits en morceaux.
- Quinoa cuit.
- Concombres coupés en dés.
- Poivrons rouges en lamelles.
- Vinaigrette à base d'huile d'olive, de moutarde et de jus de citron.

Préparation :

Mélangez le quinoa cuit, les morceaux de saumon, les dés de concombre et les lamelles de poivron.
Arrosez de vinaigrette et remuez délicatement.

63. Salade de Légumes Grillés

Ingrédients : pour 4 personnes

- Courgettes, aubergines et poivrons grillés.
- Épinards frais.
- Tomates séchées.
- Olives noires.
- Vinaigrette à base d'huile d'olive et de vinaigre balsamique.

Préparation :

Placez les épinards frais dans un bol.
Ajoutez les légumes grillés, les tomates séchées et les olives.
Arrosez de vinaigrette et mélangez doucement.

64. Salade de Chou Kale et Poulet

Ingrédients : pour 4 personnes

- Chou kale coupé en fines lanières.
- Poitrines de poulet grillées en dés.
- Noix de cajou concassées.
- Jus de citron et huile d'olive pour la vinaigrette.

Préparation :

Massez légèrement le chou kale avec un peu d'huile d'olive pour le ramollir.
Ajoutez les dés de poulet grillés et les noix de cajou.
Arrosez de jus de citron et d'un filet d'huile d'olive.

65. Salade de Roquette et Feta

Ingrédients : pour 4 personnes

- Roquette.
- Fromage feta émietté.
- Noix (noix, noix de cajou, amandes).
- Tranches de concombre.
- Vinaigrette à l'huile d'olive et au vinaigre de cidre.

Préparation :

Disposez la roquette dans un bol.
Ajoutez le fromage feta, les noix et les tranches de concombre.
Arrosez de vinaigrette et mélangez légèrement.

66. Salade de Crevettes et Avocat

Ingrédients : pour 4 personnes

- Crevettes décortiquées cuites.
- Avocats en dés.
- Laitue ou mélange de légumes verts.
- Radis en rondelles.
- Vinaigrette à base d'huile d'olive et de jus de citron.

Préparation :

Disposez la laitue ou les légumes verts dans un bol.
Ajoutez les crevettes, les dés d'avocat et les rondelles de radis.
Arrosez de vinaigrette et remuez doucement.

67. Salade de Haricots Verts et Amandes

Ingrédients : pour 4 personnes

- Haricots verts cuits et coupés.
- Amandes effilées grillées.
- Oignons rouges en fines tranches.
- Vinaigrette à base d'huile d'olive et de vinaigre balsamique.

Préparation :

Mélangez les haricots verts, les amandes effilées et les tranches d'oignon. Arrosez de vinaigrette et mélangez doucement.

68. Salade de Brocoli et Noix

Ingrédients : pour 4 personnes

- Fleurettes de brocoli blanchies.
- Noix mélangées (noix, amandes, noix de cajou).
- Raisins secs (en petite quantité pour une faible teneur en sucre).
- Vinaigrette à base d'huile d'olive et de moutarde.

Préparation :

Mélangez les fleurettes de brocoli, les noix, les raisins secs et la vinaigrette. Remuez doucement avant de servir.

69. Salade de Poivrons et Tomates

Ingrédients : pour 4 personnes

- Poivrons rouges et jaunes coupés en lanières.
- Tomates cerises coupées en deux.
- Persil frais haché.
- Vinaigrette à base d'huile d'olive, d'ail et de basilic.

Préparation :

Mélangez les poivrons, les tomates et le persil.
Arrosez de vinaigrette et mélangez délicatement.

70. Salade de Concombre et Menthe

Ingrédients : pour 4 personnes

- Concombres coupés en dés.
- Feuilles de menthe fraîche hachées.
- Grain de grenade (en petite quantité pour une faible teneur en sucre).
- Vinaigrette à base de yaourt grec, de jus de citron et d'huile d'olive.

Préparation :

Mélangez les dés de concombre, la menthe et les grains de grenade.
Arrosez de vinaigrette au yaourt grec et remuez doucement.

71. Salade de Haricots Blancs et Tomates Séchées

Ingrédients : pour 4 personnes

- Haricots blancs cuits et égouttés.
- Tomates séchées hachées.
- Basilic frais ciselé.
- Vinaigrette à base d'huile d'olive et de vinaigre balsamique.

Préparation :

Mélangez les haricots blancs, les tomates séchées et le basilic.
Arrosez de vinaigrette et remuez légèrement.

72. Salade de Radis et Céleri-rave

Ingrédients : pour 4 personnes

- Radis en tranches fines.
- Céleri-rave râpé.
- Aneth frais haché.
- Vinaigrette à base d'huile d'olive et de moutarde.

Préparation :

Mélangez les tranches de radis, le céleri-rave et l'aneth.
Arrosez de vinaigrette et mélangez doucement.

73. Salade de Tomates et Mozzarella

Ingrédients : pour 4 personnes

- Tomates coupées en tranches.
- Boules de mozzarella coupées en deux.
- Feuilles de basilic frais.
- Vinaigrette à base d'huile d'olive et de vinaigre balsamique.

Préparation :

Alternez les tranches de tomates et les mozzarella sur une assiette.
Garnissez de feuilles de basilic et arrosez de vinaigrette.

74. Salade de Lentilles et Légumes

Ingrédients : pour 4 personnes

- Lentilles cuites et égouttées.
- Concombres coupés en dés.
- Tomates coupées en dés.
- Persil frais haché.
- Vinaigrette à base d'huile d'olive et de moutarde.

Préparation :

Mélangez les lentilles, les dés de concombre, les dés de tomates et le persil.
Arrosez de vinaigrette et remuez délicatement.

75. Salade de Poulet César

Ingrédients : pour 4 personnes

- Poitrines de poulet grillées coupées en lanières.
- Laitue romaine ou laitue iceberg.
- Croûtons maison à base de pain complet.
- Fromage parmesan râpé.
- Vinaigrette César sans sucre ajouté.

Préparation :

Disposez la laitue dans un bol.
Ajoutez les lanières de poulet, les croûtons et le parmesan.
Arrosez de vinaigrette César et remuez légèrement.

76. Salade de Roquette et Saumon Fumé

Ingrédients : pour 4 personnes

- Roquette.
- Saumon fumé en tranches.
- Oignons rouges en fines tranches.
- Caprons (en petite quantité pour une faible teneur en sucre).
- Vinaigrette à base d'huile d'olive et de jus de citron.

Préparation :

Disposez la roquette dans un bol.
Ajoutez les tranches de saumon fumé, les tranches d'oignon et les caprons.
Arrosez de vinaigrette au jus de citron et mélangez délicatement.

77. Salade de Quinoa aux Légumes

Ingrédients : pour 4 personnes

- Quinoa cuit.
- Légumes variés coupés en dés (concombre, tomates, poivrons, etc.).
- Herbes fraîches (coriandre, persil).
- Vinaigrette à base d'huile d'olive et de jus de citron.

Préparation :

Mélangez le quinoa cuit avec les dés de légumes et les herbes.

Arrosez de vinaigrette et remuez doucement.

78. Salade d'Endives et Noix

Ingrédients : pour 4 personnes

- Endives coupées en lanières.
- Fromage de chèvre émietté.
- Noix concassées.
- Vinaigrette à base d'huile d'olive et de moutarde.

Préparation :

Mélangez les lanières d'endives, le fromage de chèvre et les noix.

Arrosez de vinaigrette et mélangez légèrement.

79. Salade de Courgettes Crues

Ingrédients : pour 4 personnes

- Courgettes coupées en fines lanières.
- Pignons de pin grillés.
- Parmesan en copeaux.
- Jus de citron et huile d'olive pour la vinaigrette.

Préparation :

Mélangez les lanières de courgettes avec les pignons de pin et les copeaux de parmesan.

Arrosez de jus de citron et d'huile d'olive.

80. Salade de Tofu et Épinards

Ingrédients : pour 4 personnes

- Tofu ferme coupé en dés et grillé.
- Épinards frais.
- Noix (noix, amandes, noix de cajou).
- Vinaigrette à base d'huile d'olive, de moutarde et de miel (en petite quantité pour une faible teneur en sucre).

Préparation :

Disposez les épinards dans un bol.

Ajoutez les dés de tofu grillé et les noix.

Arrosez de vinaigrette et remuez doucement.

Plats principaux - viandes et poissons

81. Poulet Grillé aux Herbes

Ingrédients : pour 4 personnes

- Poitrines de poulet.
- Mélange d'herbes fraîches (thym, romarin, persil).
- Ail émincé.
- Huile d'olive.
- Sel et poivre.

Préparation :

Mélangez les herbes, l'ail, l'huile d'olive, le sel et le poivre pour créer une marinade.

Badigeonnez les poitrines de poulet avec la marinade.

Faites griller jusqu'à ce que le poulet soit cuit.

82. Bœuf Sauté aux Légumes

Ingrédients : pour 4 personnes

- Morceaux de bœuf (filet, faux-filet) en dés.
- Légumes variés (brocoli, poivrons, courgettes) coupés en morceaux.
- Sauce soja réduite en sodium.
- Ail émincé.
- Huile d'olive.

Préparation :

Faites sauter les morceaux de bœuf dans l'huile d'olive jusqu'à ce qu'ils soient dorés.

Ajoutez les légumes et l'ail, faites sauter jusqu'à ce que les légumes soient tendres.

Versez la sauce soja et remuez.

83. Côtelettes d'Agneau aux Herbes

Ingrédients : pour 4 personnes

- Côtelettes d'agneau.
- Mélange d'herbes fraîches (menthe, persil, coriandre).
- Jus de citron.
- Ail émincé.
- Huile d'olive.
- Sel et poivre.

Préparation :

Mélangez les herbes, le jus de citron, l'ail, l'huile d'olive, le sel et le poivre pour créer une marinade.
Enrobez les côtelettes d'agneau avec la marinade.
Faites griller ou cuire au four jusqu'à la cuisson désirée.

84. Porc aux Champignons

Ingrédients : pour 4 personnes

- Filet de porc coupé en tranches.
- Champignons variés tranchés.
- Bouillon de volaille sans sucre ajouté.
- Ail émincé.
- Thym frais.
- Sel et poivre.

Préparation :

Faites dorer les tranches de porc dans une poêle.
Ajoutez les champignons et l'ail, faites sauter quelques minutes.
Versez le bouillon de volaille, ajoutez le thym, le sel et le poivre.
Laissez mijoter jusqu'à ce que le porc soit cuit et la sauce réduite.

85. Boulettes de Dinde aux Épinards

Ingrédients : pour 4 personnes

- Viande de dinde hachée.
- Épinards cuits et hachés.
- Oignons hachés.
- Ail émincé.
- Herbes fraîches (persil, basilic).
- Sel et poivre.

Préparation :

Mélangez la viande de dinde avec les épinards, les oignons, l'ail et les herbes.

Façonnez des boulettes et faites-les cuire à la poêle jusqu'à ce qu'elles soient bien cuites.

86. Curry de Poulet et Légumes

Ingrédients : pour 4 personnes

- Morceaux de poulet coupés en dés.
- Légumes variés (aubergines, poivrons, courgettes) coupés en morceaux.
- Lait de coco non sucré.
- Pâte de curry sans sucre ajouté.
- Ail émincé.
- Gingembre frais râpé.
- Coriandre fraîche hachée.
- Sel et poivre.

Préparation :

Faites dorer les morceaux de poulet dans une casserole.
Ajoutez les légumes, l'ail et le gingembre, faites sauter quelques minutes.
Incorporez la pâte de curry, puis versez le lait de coco.
Laissez mijoter jusqu'à ce que le poulet soit cuit et les légumes tendres.
Garnissez de coriandre avant de servir.

87. Bœuf Bourguignon Léger

Ingrédients : pour 4 personnes

- Morceaux de bœuf à ragoût.
- Carottes et champignons coupés en morceaux.
- Vin rouge (à faible teneur en sucre).
- Bouillon de bœuf sans sucre ajouté.
- Oignons et ail hachés.
- Thym frais.
- Sel et poivre.

Préparation :

Faites revenir les morceaux de bœuf dans une cocotte.
Ajoutez les légumes, l'oignon et l'ail, faites sauter.
Versez le vin rouge et laissez réduire légèrement.
Ajoutez le bouillon de bœuf, le thym, le sel et le poivre.
Laissez mijoter à feu doux jusqu'à ce que la viande soit tendre.

88. Saumon en Papillote

Ingrédients : pour 4 personnes

- Filets de saumon.
- Légumes variés (courgettes, tomates, oignons) coupés en fines lamelles.
- Aneth frais haché.
- Jus de citron.
- Huile d'olive.
- Sel et poivre.

Préparation :

Préchauffez le four. Placez chaque filet de saumon sur une feuille de papier sulfurisé.
Disposez les lamelles de légumes sur le saumon, arrosez de jus de citron et d'huile d'olive.
Saupoudrez d'aneth, salez et poivrez.
Fermez les papillotes et faites cuire au four jusqu'à ce que le saumon soit cuit.

89. Filet de Poisson Grillé aux Herbes

Ingrédients : pour 4 personnes

- Filets de poisson (cabillaud, dorade, etc.).
- Mélange d'herbes fraîches (thym, romarin, persil).
- Jus de citron.
- Huile d'olive.
- Sel et poivre.

Préparation :

Mélangez les herbes, le jus de citron, l'huile d'olive, le sel et le poivre pour créer une marinade.
Enrobez les filets de poisson avec la marinade.
Faites griller jusqu'à ce que le poisson soit cuit.

90. Poisson en Croûte de Noix

Ingrédients : pour 4 personnes

- Filets de poisson.
- Mélange de noix concassées (noix, amandes, noix de cajou).
- Moutarde à l'ancienne.
- Jus de citron.
- Sel et poivre.

Préparation :

Mélangez les noix concassées, la moutarde et le jus de citron pour créer une pâte.
Placez les filets de poisson sur une plaque de cuisson.
Étalez la pâte de noix sur les filets.
Faites cuire au four jusqu'à ce que le poisson soit cuit et la croûte dorée.

91. Brochettes de Crevettes et Légumes

Ingrédients : pour 4 personnes

- Crevettes décortiquées.
- Légumes variés (poivrons, courgettes, oignons) coupés en morceaux.
- Marinade à base d'huile d'olive, d'ail et d'herbes.
- Sel et poivre.

Préparation :

Enfilez les crevettes et les morceaux de légumes sur des brochettes.
Badigeonnez de marinade, salez et poivrez.
Faites griller les brochettes jusqu'à ce que les crevettes soient roses.

92. Truite aux Amandes

Ingrédients : pour 4 personnes

- Filets de truite.
- Amandes effilées grillées.
- Beurre ou huile d'olive.
- Jus de citron.
- Herbes fraîches (persil, estragon).
- Sel et poivre.

Préparation :

Faites fondre le beurre ou chauffez l'huile dans une poêle.
Faites cuire les filets de truite des deux côtés jusqu'à ce qu'ils soient dorés.
Ajoutez les amandes, le jus de citron et les herbes dans la poêle.
Laissez cuire brièvement avant de servir.

93. Papillotes de Cabillaud aux Légumes

Ingrédients : pour 4 personnes

- Filets de cabillaud.
- Légumes variés (carottes, haricots verts, poireaux) coupés en julienne.
- Citronnelle et gingembre frais hachés.
- Sauce soja réduite en sodium.
- Sel et poivre.

Préparation :

Préchauffez le four. Placez chaque filet de cabillaud sur une feuille de papier sulfurisé.
Disposez la julienne de légumes sur le poisson, ajoutez la citronnelle et le gingembre.
Versez la sauce soja, salez et poivrez.
Fermez les papillotes et faites cuire au four jusqu'à ce que le poisson soit cuit.

94. Poisson Poêlé aux Épinards

Ingrédients : pour 4 personnes

- Filets de poisson.
- Épinards frais.
- Ail émincé.
- Jus de citron.
- Beurre ou huile d'olive.
- Sel et poivre.

Préparation :

Faites cuire les filets de poisson à la poêle dans du beurre ou de l'huile d'olive.
Ajoutez l'ail émincé et faites sauter.
Incorporez les épinards jusqu'à ce qu'ils soient fanés.
Arrosez de jus de citron, salez et poivrez.

95. Morue à la Vapeur avec Légumes

Ingrédients : pour 4 personnes

- Filets de morue.
- Légumes variés (poivrons, courgettes, carottes) coupés en morceaux.
- Aneth frais haché.
- Jus de citron.
- Huile d'olive.
- Sel et poivre.

Préparation :

Placez les filets de morue dans un panier vapeur.
Disposez les morceaux de légumes autour de la morue.
Arrosez de jus de citron, d'huile d'olive, de sel et de poivre.
Faites cuire à la vapeur jusqu'à ce que le poisson soit cuit.

96. Crevettes à la Sauce Tomate

Ingrédients : pour 4 personnes

- Crevettes décortiquées.
- Tomates concassées en conserve (sans sucre ajouté).
- Ail émincé.
- Basilic frais haché.
- Huile d'olive.
- Sel et poivre.

Préparation :

Faites sauter les crevettes dans l'huile d'olive jusqu'à ce qu'elles soient roses.
Ajoutez l'ail et faites sauter brièvement.
Versez les tomates concassées, le basilic, le sel et le poivre.
Laissez mijoter jusqu'à ce que la sauce épaississe et les saveurs se mélangent.

97. Filet de Cabillaud à la Crème d'Avocat

Ingrédients : pour 4 personnes

- Filets de cabillaud.
- Avocats mûrs.
- Ail émincé.
- Jus de citron.
- Crème de coco non sucrée.
- Herbes fraîches (coriandre, ciboulette).
- Sel et poivre.

Préparation :

Préchauffez le four. Placez les filets de cabillaud dans un plat de cuisson.
Mixez les avocats, l'ail, le jus de citron et la crème de coco pour obtenir une sauce lisse.
Versez la sauce sur le poisson, ajoutez les herbes, le sel et le poivre.
Faites cuire au four jusqu'à ce que le poisson soit cuit.

98. Brochettes de Saumon et Légumes

Ingrédients : pour 4 personnes

- Morceaux de saumon.
- Légumes variés (poivrons, courgettes, oignons) coupés en morceaux.
- Marinade à base d'huile d'olive, de jus de citron et d'herbes.
- Sel et poivre.

Préparation :

Enfilez les morceaux de saumon et les morceaux de légumes sur des brochettes.
Badigeonnez de marinade, salez et poivrez.
Faites griller les brochettes jusqu'à ce que le saumon soit cuit.

99. Poisson à la Marocaine

Ingrédients : pour 4 personnes
- Filets de poisson.
- Oignons hachés.
- Poivrons coupés en lanières.
- Tomates concassées en conserve (sans sucre ajouté).
- Olives noires.
- Épices marocaines (cumin, coriandre, paprika, cannelle).
- Huile d'olive.
- Sel et poivre.

Préparation :
Faites revenir les oignons dans l'huile d'olive jusqu'à ce qu'ils soient dorés.
Ajoutez les poivrons et faites sauter quelques minutes.
Incorporez les tomates concassées, les olives et les épices.
Disposez les filets de poisson sur le mélange, couvrez et laissez mijoter jusqu'à ce que le poisson soit cuit.

100. Boulettes de Poisson aux Herbes

Ingrédients : pour 4 personnes
- Filets de poisson (merlu, cabillaud) hachés.
- Herbes fraîches (persil, ciboulette, aneth).
- Œuf.
- Chapelure de pain complet.
- Ail émincé.
- Sel et poivre.

Préparation :
Mixez les filets de poisson avec les herbes, l'ail, l'œuf et la chapelure.
Façonnez des boulettes et faites-les cuire à la poêle jusqu'à ce qu'elles soient bien cuites.

Plats principaux – végétariens

101. Chili Végétarien

Ingrédients : pour 4 personnes

- Haricots rouges, haricots noirs, haricots pinto (cuits et égouttés).
- Poivrons, oignons et tomates en dés.
- Épices chili (piment, cumin, paprika).
- Quinoa cuit.
- Coriandre fraîche hachée.
- Sel et poivre.

Préparation :

Faites sauter les poivrons et les oignons jusqu'à ce qu'ils soient tendres.
Ajoutez les tomates, les haricots et les épices chili, laissez mijoter.
Servez sur du quinoa cuit, garni de coriandre.

102. Curry de Légumes

Ingrédients : pour 4 personnes

- Légumes variés (patate douce, courgette, pois chiches) coupés en morceaux.
- Lait de coco non sucré.
- Pâte de curry sans sucre ajouté.
- Épinards frais.
- Riz brun cuit.
- Sel et poivre.

Préparation :

Faites cuire les légumes dans le lait de coco avec la pâte de curry.
Ajoutez les épinards à la fin et laissez-les se faner.
Servez sur du riz brun cuit.

103. Lasagnes aux Légumes

Ingrédients : pour 4 personnes

- Plaques de lasagnes à grains entiers.
- Légumes (aubergines, épinards, courgettes) coupés en tranches.
- Ricotta ou tofu écrasé.
- Sauce tomate sans sucre ajouté.
- Fromage parmesan râpé.
- Herbes fraîches (basilic, origan).
- Sel et poivre.

Préparation :

Alternez les couches de légumes, de sauce tomate et de ricotta/tofu dans un plat.
Saupoudrez de parmesan et d'herbes entre les couches.
Faites cuire au four jusqu'à ce que les légumes soient tendres.

104. Tofu Sauté aux Légumes

Ingrédients : pour 4 personnes

- Tofu ferme coupé en dés.
- Légumes variés (brocoli, poivrons, carottes) coupés en morceaux.
- Sauce soja réduite en sodium.
- Ail émincé.
- Gingembre frais râpé.
- Sésame grillé.
- Quinoa cuit.
- Sel et poivre.

Préparation :

Faites sauter le tofu dans la sauce soja jusqu'à ce qu'il soit doré.
Ajoutez les légumes, l'ail et le gingembre, faites sauter.
Servez sur du quinoa cuit, garni de sésame.

105. Burgers aux Légumes

Ingrédients : pour 4 personnes

- Haricots noirs écrasés.
- Légumes râpés (carottes, courgettes).
- Flocons d'avoine.
- Œuf battu (ou substitut végétalien).
- Épices (cumin, paprika, coriandre).
- Laitue et tomates pour garnir.
- Pain complet (ou sans sucre ajouté).

Préparation :

Mélangez les haricots, les légumes, les flocons d'avoine, l'œuf et les épices.
Formez des burgers et faites cuire à la poêle.
Servez dans un pain complet, garni de laitue et de tomates.

106. Pâtes à la Courgette

Ingrédients : pour 4 personnes

- Courgettes coupées en spirales.
- Sauce tomate sans sucre ajouté.
- Olives noires et câpres.
- Ail émincé. + Piments rouges broyés.
- Basilic frais haché.
- Parmesan râpé (optionnel).
- Pâtes de blé entier ou alternatives à faible IG.

Préparation :

Faites sauter les courgettes en spirales avec l'ail dans de l'huile d'olive.
Ajoutez la sauce tomate, les olives, les câpres, les piments et le basilic.
Servez sur des pâtes cuites, garnies de parmesan si désiré.

107. Bowl de Quinoa aux Légumes

Ingrédients : pour 4 personnes

- Quinoa cuit.
- Légumes cuits (brocoli, pois mange-tout, carottes) en morceaux.
- Avocat tranché.
- Noix ou graines (amandes, graines de tournesol).
- Vinaigrette à base de citron et d'huile d'olive.
- Sel et poivre.

Préparation :

Mélangez le quinoa, les légumes et les noix/graines.
Arrosez de vinaigrette, ajoutez les tranches d'avocat.
Salez et poivrez selon vos préférences.

108. Riz Frit aux Légumes

Ingrédients : pour 4 personnes

- Riz brun cuit.
- Légumes variés (poivrons, petits pois, carottes) coupés en dés.
- Tofu coupé en dés.
- Sauce soja réduite en sodium.
- Ail émincé. + Oeuf battu (ou substitut végétalien).
- Huile de sésame.
- Herbes fraîches (coriandre, ciboulette).
- Sel et poivre.

Préparation :

Faites sauter les légumes et le tofu dans de l'huile de sésame.
Poussez les légumes et ajoutez l'ail et l'œuf battu, faites une omelette.
Incorporez le riz cuit, la sauce soja et les herbes.
Assaisonnez avec du sel et du poivre.

109. Couscous aux Légumes

Ingrédients : pour 4 personnes

- Couscous complet cuit.
- Légumes grillés (aubergines, poivrons, courgettes) en morceaux.
- Pois chiches cuits.
- Menthe fraîche hachée.
- Huile d'olive.
- Sel et poivre.

Préparation :

Mélangez le couscous, les légumes et les pois chiches.
Arrosez d'huile d'olive, saupoudrez de menthe, salez et poivrez.

110. Pain de Lentilles

Ingrédients : pour 4 personnes

- Lentilles cuites.
- Légumes (carottes, oignons, céleri) hachés.
- Flocons d'avoine.
- Oeuf battu (ou substitut végétalien).
- Herbes séchées (origan, thym).
- Sauce tomate sans sucre ajouté.
- Sel et poivre.

Préparation :

Mixez les lentilles, les légumes, les flocons d'avoine et l'œuf.
Ajoutez les herbes, le sel et le poivre.
Façonnez un pain, nappez de sauce tomate et faites cuire au four.

111. Curry de Pois Chiches

Ingrédients : pour 4 personnes

- Pois chiches cuits.
- Légumes (épinards, tomates) coupés en morceaux.
- Lait de coco non sucré.
- Pâte de curry sans sucre ajouté.
- Ail émincé.
- Riz basmati cuit.
- Sel et poivre.

Préparation :

Faites sauter les légumes et l'ail dans de l'huile d'olive.
Ajoutez les pois chiches, le lait de coco et la pâte de curry.
Laissez mijoter, servez sur du riz basmati cuit.

112. Pâtes aux Légumes et Pesto

Ingrédients : pour 4 personnes

- Pâtes de blé complet.
- Légumes variés (courgettes, tomates cerises) coupés en morceaux.
- Pesto maison (basilic, noix, parmesan, huile d'olive).
- Herbes fraîches (persil, basilic).
- Sel et poivre.

Préparation :

Faites cuire les pâtes, égouttez et réservez.
Faites sauter les légumes dans de l'huile d'olive.
Mélangez les pâtes avec les légumes et le pesto.
Garnissez d'herbes fraîches, salez et poivrez.

113. Biryani aux Légumes

Ingrédients : pour 4 personnes

- Riz basmati cuit.
- Légumes (chou-fleur, carottes, petits pois) coupés en morceaux.
- Noix de cajou et raisins secs.
- Épices (cumin, curcuma, cannelle).
- Sel et poivre.

Préparation :

Faites sauter les légumes dans de l'huile d'olive avec les épices.
Incorporez le riz cuit, les noix de cajou et les raisins secs.
Mélangez délicatement, salez et poivrez.

114. Tofu Teriyaki aux Légumes

Ingrédients : pour 4 personnes

- Tofu ferme coupé en dés.
- Légumes variés (brocoli, carottes, champignons) coupés en morceaux.
- Sauce teriyaki sans sucre ajouté.
- Ail émincé.
- Graines de sésame.
- Quinoa cuit.
- Sel et poivre.

Préparation :

Faites sauter le tofu dans la sauce teriyaki jusqu'à ce qu'il soit doré.
Ajoutez les légumes et l'ail, faites sauter.
Garnissez de graines de sésame, servez sur du quinoa cuit.

115. Ratatouille

Ingrédients : pour 4 personnes

- Aubergines, courgettes et poivrons coupés en morceaux.
- Tomates en dés.
- Oignons et ail hachés.
- Thym et romarin frais.
- Huile d'olive.
- Sel et poivre.

Préparation :

Faites revenir les oignons et l'ail dans de l'huile d'olive.
Ajoutez les aubergines, les courgettes et les poivrons, faites sauter.
Incorporez les tomates et les herbes, laissez mijoter.
Salez et poivrez selon vos préférences.

116. Pois Chiches Rôtis aux Épices

Ingrédients : pour 4 personnes

- Pois chiches cuits et égouttés.
- Mélange d'épices (cumin, paprika, coriandre).
- Huile d'olive.
- Sel et poivre.

Préparation :

Mélangez les pois chiches avec les épices et l'huile d'olive.
Étalez-les sur une plaque de cuisson et faites rôtir au four.
Salez et poivrez selon vos préférences.

117. Gnocchis aux Épinards et Sauce Crémeuse

Ingrédients : pour 4 personnes

- Gnocchis à base de pommes de terre (sans sucre ajouté).
- Épinards frais.
- Crème végétalienne (noix de cajou, lait végétal).
- Levure nutritionnelle.
- Ail émincé.
- Sel et poivre.

Préparation :

Faites cuire les gnocchis selon les instructions.
Faites sauter les épinards avec l'ail dans de l'huile d'olive.
Mixez la crème végétalienne avec la levure nutritionnelle.
Mélangez les gnocchis, les épinards et la sauce crémeuse, salez et poivrez.

118. Tarte aux Légumes

Ingrédients : pour 4 personnes

- Pâte à tarte à grains entiers.
- Légumes variés (courgettes, tomates, poivrons) coupés en tranches.
- Tofu écrasé assaisonné.
- Herbes fraîches (thym, basilic).
- Sel et poivre.

Préparation :

Disposez les légumes sur la pâte à tarte, en alternant les couleurs.
Étalez le tofu écrasé sur les légumes, saupoudrez d'herbes.
Faites cuire au four jusqu'à ce que la pâte soit dorée.

119. Poke Bowl Végétarien

Ingrédients : pour 4 personnes

- Riz brun cuit.
- Légumes (concombre, avocat, carottes) coupés en dés.
- Tofu mariné en dés.
- Algues nori déchiquetées.
- Sauce tamari ou soja réduite en sodium.
- Graines de sésame.
- Sel et poivre.

Préparation :

Mélangez les légumes, le tofu et les algues avec la sauce tamari.
Servez sur du riz brun cuit, garnissez de graines de sésame.

120. Ratatouille Grillée

Ingrédients : pour 4 personnes

- Courgettes, aubergines et poivrons en tranches.
- Tomates en dés.
- Oignons et ail hachés.
- Thym et romarin frais.
- Huile d'olive.
- Sel et poivre.

Préparation :

Mélangez les légumes avec l'huile d'olive, le thym et le romarin.
Faites griller les légumes jusqu'à ce qu'ils soient tendres et dorés.
Faites revenir l'oignon et l'ail dans de l'huile d'olive, ajoutez les tomates et les herbes.
Disposez les légumes grillés sur la sauce tomate, salez et poivrez.

Plats
d'accompagnements

121. Chou-fleur Rôti

Ingrédients : pour 4 personnes

- Chou-fleur en bouquets.
- Huile d'olive.
- Paprika fumé.
- Ail en poudre.
- Sel et poivre.

Préparation :

Mélangez le chou-fleur avec l'huile d'olive, le paprika, l'ail en poudre, le sel et le poivre.

Étalez sur une plaque de cuisson et faites rôtir au four jusqu'à ce qu'il soit doré.

122. Purée de Chou-fleur

Ingrédients : pour 4 personnes

- Chou-fleur en bouquets.
- Bouillon de légumes faible en sodium.
- Ail émincé.
- Beurre ou huile d'olive.
- Sel et poivre.

Préparation :

Faites cuire le chou-fleur dans le bouillon de légumes jusqu'à ce qu'il soit tendre.

Mixez avec l'ail, le beurre ou l'huile d'olive, le sel et le poivre jusqu'à consistance lisse.

123. Brocolis à l'Ail et au Citron

Ingrédients : pour 4 personnes

- Brocolis en fleurettes.
- Ail émincé.
- Jus de citron.
- Huile d'olive.
- Sel et poivre.

Préparation :

Faites sauter les brocolis dans l'huile d'olive avec l'ail jusqu'à ce qu'ils soient tendres.

Arrosez de jus de citron, salez et poivrez.

124. Purée d'Aubergines

Ingrédients : pour 4 personnes

- Aubergines.
- Ail émincé.
- Jus de citron.
- Huile d'olive.
- Herbes fraîches (menthe, persil).
- Sel et poivre.

Préparation :

Faites cuire les aubergines au four jusqu'à ce qu'elles soient tendres.

Retirez la chair et mixez avec l'ail, le jus de citron, l'huile d'olive, les herbes, le sel et le poivre.

125. Asperges Grillées

Ingrédients : pour 4 personnes

- Asperges.
- Huile d'olive.
- Zeste de citron.
- Parmesan râpé.
- Sel et poivre.

Préparation :

Enduisez les asperges d'huile d'olive, saupoudrez de zeste de citron, de parmesan, de sel et de poivre.

Faites griller jusqu'à ce qu'elles soient tendres.

126. Salade de Concombre et Radis

Ingrédients : pour 4 personnes

- Concombre tranché.
- Radis en rondelles.
- Menthe fraîche hachée.
- Vinaigre de cidre.
- Huile d'olive.
- Sel et poivre.

Préparation :

Mélangez le concombre, les radis et la menthe.

Assaisonnez avec le vinaigre de cidre, l'huile d'olive, le sel et le poivre.

127. Champignons Sautés à l'Ail

Ingrédients : pour 4 personnes

- Champignons tranchés.
- Ail émincé.
- Persil frais haché.
- Huile d'olive.
- Sel et poivre.

Préparation :

Faites sauter les champignons dans l'huile d'olive avec l'ail jusqu'à ce qu'ils soient dorés.

Saupoudrez de persil, salez et poivrez.

128. Frites de Patate Douce

Ingrédients : pour 4 personnes

- Patates douces coupées en frites.
- Huile d'olive.
- Paprika.
- Sel et poivre.

Préparation :

Enrobez les frites de patate douce avec l'huile d'olive, le paprika, le sel et le poivre.

Faites cuire au four jusqu'à ce qu'elles soient croustillantes.

129. Courgettes Grillées au Parmesan

Ingrédients : pour 4 personnes

- Courgettes en tranches.
- Parmesan râpé.
- Huile d'olive.
- Herbes séchées (origan, thym).
- Sel et poivre.

Préparation :

Enduisez les courgettes d'huile d'olive, saupoudrez de parmesan, d'herbes, de sel et de poivre.

Faites griller jusqu'à ce qu'elles soient dorées.

130. Purée de Courge Musquée

Ingrédients : pour 4 personnes

- Courge musquée coupée en dés.
- Bouillon de légumes faible en sodium.
- Beurre ou huile d'olive.
- Noix de muscade.
- Sel et poivre.

Préparation :

Faites cuire la courge dans le bouillon jusqu'à ce qu'elle soit tendre.

Mixez avec le beurre ou l'huile d'olive, la noix de muscade, le sel et le poivre.

131. Haricots Verts Sautés à l'Amande

Ingrédients : pour 4 personnes

- Haricots verts cuits.
- Amandes effilées grillées.
- Ail émincé.
- Huile d'olive.
- Jus de citron.
- Sel et poivre.

Préparation :

Faites sauter les haricots verts dans l'huile d'olive avec l'ail jusqu'à ce qu'ils soient chauds.

Arrosez de jus de citron, ajoutez les amandes, salez et poivrez.

132. Purée de Céleri-rave

Ingrédients : pour 4 personnes

- Céleri-rave coupé en dés.
- Bouillon de légumes faible en sodium.
- Beurre ou huile d'olive.
- Herbes fraîches (persil, thym).
- Sel et poivre.

Préparation :

Faites cuire le céleri-rave dans le bouillon jusqu'à ce qu'il soit tendre.

Mixez avec le beurre ou l'huile d'olive, les herbes, le sel et le poivre.

133. Salade de Légumes Rôtis

Ingrédients : pour 4 personnes

- Légumes variés (poivrons, oignons, courgettes) coupés en morceaux.
- Huile d'olive.
- Vinaigre balsamique.
- Herbes fraîches (basilic, persil).
- Sel et poivre.

Préparation :

Mélangez les légumes avec l'huile d'olive et le vinaigre balsamique.

Faites rôtir au four jusqu'à ce qu'ils soient tendres et dorés.

Garnissez d'herbes, salez et poivrez.

134. Salade de Chou Frisé

Ingrédients : pour 4 personnes

- Chou frisé émincé.
- Avocat en dés.
- Noix de cajou grillées.
- Vinaigrette à base de moutarde et d'huile d'olive.
- Sel et poivre.

Préparation :

Massez le chou frisé avec la vinaigrette pour le ramollir.

Ajoutez l'avocat et les noix de cajou, salez et poivrez.

135. Ratatouille

Ingrédients : pour 4 personnes

- Courgettes, aubergines et poivrons en tranches.
- Tomates en dés.
- Oignons et ail hachés.
- Thym et romarin frais.
- Huile d'olive.
- Sel et poivre.

Préparation :

Mélangez les légumes avec l'huile d'olive, le thym et le romarin.
Faites griller les légumes jusqu'à ce qu'ils soient tendres et dorés.
Faites revenir l'oignon et l'ail dans de l'huile d'olive, ajoutez les tomates et les herbes.
Disposez les légumes grillés sur la sauce tomate, salez et poivrez.

136. Champignons Portobello Grillés

Ingrédients : pour 4 personnes

- Champignons portobello.
- Ail émincé.
- Persil frais haché.
- Huile d'olive.
- Jus de citron.
- Sel et poivre.

Préparation :

Enduisez les champignons d'huile d'olive, d'ail et de jus de citron.
Faites griller jusqu'à ce qu'ils soient tendres.
Saupoudrez de persil, salez et poivrez.

137. Purée de Carottes

Ingrédients : pour 4 personnes

- Carottes coupées en rondelles.
- Bouillon de légumes faible en sodium.
- Beurre ou huile d'olive.
- Herbes fraîches (ciboulette, persil).
- Sel et poivre.

Préparation :

Faites cuire les carottes dans le bouillon jusqu'à ce qu'elles soient tendres.

Mixez avec le beurre ou l'huile d'olive, les herbes, le sel et le poivre.

138. Salade de Chou Rouge

Ingrédients : pour 4 personnes

- Chou rouge émincé.
- Pommes en dés.
- Noix hachées.
- Vinaigrette à base de vinaigre de cidre et d'huile d'olive.
- Sel et poivre.

Préparation :

Mélangez le chou rouge, les pommes et les noix.

Assaisonnez avec la vinaigrette, le sel et le poivre.

139. Riz aux Légumes

Ingrédients : pour 4 personnes

- Riz brun cuit.
- Légumes cuits (petits pois, maïs, carottes) en dés.
- Amandes effilées grillées.
- Herbes fraîches (persil, ciboulette).
- Sel et poivre.

Préparation :

Mélangez le riz avec les légumes et les amandes.

Garnissez d'herbes, salez et poivrez.

140. Frites de Panais

Ingrédients : pour 4 personnes

- Panais coupés en frites.
- Huile d'olive.
- Herbes séchées (thym, romarin).
- Sel et poivre.

Préparation :

Enrobez les frites de panais avec l'huile d'olive, les herbes, le sel et le poivre.

Faites cuire au four jusqu'à ce qu'elles soient croustillantes.

Pâtes et substituts de glucides

141. Spaghetti de Courgettes au Pesto

Ingrédients : pour 4 personnes

- Courgettes en spirales.
- Pesto maison (basilic, noix, parmesan, huile d'olive).
- Tomates cerises.
- Sel et poivre.

Préparation :

Faites sauter les spirales de courgettes jusqu'à ce qu'elles soient tendres.

Mélangez avec le pesto, ajoutez les tomates cerises coupées en deux, salez et poivrez.

142. Lasagnes à la Courge

Ingrédients : pour 4 personnes

- Courge spaghetti cuite et évidée.
- Sauce tomate sans sucre ajouté.
- Fromage ricotta faible en gras.
- Épinards cuits et égouttés.
- Fromage mozzarella faible en gras.
- Sel et poivre.

Préparation :

Dans un plat allant au four, alternez les couches de courge, de sauce tomate, de ricotta, d'épinards et de mozzarella.
Répétez les couches jusqu'à épuisement des ingrédients.
Faites cuire au four jusqu'à ce que le fromage soit fondu et doré.

143. Pâtes au Brocoli et à l'Ail

Ingrédients : pour 4 personnes

- Pâtes de blé complet.
- Brocoli en fleurettes.
- Ail émincé.
- Huile d'olive.
- Flocons de piment rouge.
- Parmesan râpé (facultatif).
- Sel et poivre.

Préparation :

Faites cuire les pâtes selon les instructions.
Faites sauter le brocoli dans l'huile d'olive avec l'ail et les flocons de piment rouge.
Mélangez les pâtes cuites avec le brocoli, ajoutez le parmesan si désiré, salez et poivrez.

144. Frittata aux Légumes et Quinoa

Ingrédients : pour 4 personnes

- Quinoa cuit.
- Légumes variés (poivrons, épinards, oignons) coupés en morceaux.
- Oeufs battus (ou substitut végétalien).
- Lait non sucré.
- Herbes fraîches (persil, ciboulette).
- Sel et poivre.

Préparation :

Faites sauter les légumes dans une poêle.
Mélangez les œufs battus avec le lait, le quinoa cuit, les légumes sautés, les herbes, le sel et le poivre.
Cuisez la frittata dans la poêle jusqu'à ce qu'elle soit prise.

145. Pâtes à la Sauce Avocat et Épinards

Ingrédients : pour 4 personnes
- Pâtes de blé complet.
- Avocat mûr.
- Épinards frais.
- Ail émincé.
- Jus de citron.
- Huile d'olive.
- Sel et poivre.

Préparation :
Mixez l'avocat, les épinards, l'ail, le jus de citron et l'huile d'olive jusqu'à obtenir une sauce crémeuse.
Mélangez la sauce avec les pâtes cuites, salez et poivrez.

146. Pâtes au Chou-fleur et au Parmesan

Ingrédients : pour 4 personnes
- Pâtes de blé complet.
- Chou-fleur en bouquets.
- Ail émincé.
- Parmesan râpé.
- Huile d'olive.
- Sel et poivre.

Préparation :
Faites cuire les pâtes selon les instructions.
Faites cuire le chou-fleur à la vapeur jusqu'à ce qu'il soit tendre.
Faites sauter l'ail dans l'huile d'olive, ajoutez le chou-fleur cuit et écrasez-le légèrement.
Mélangez les pâtes avec le chou-fleur, le parmesan, salez et poivrez.

147. Pad Thai aux Légumes

Ingrédients : pour 4 personnes

- Nouilles de riz.
- Légumes variés (poivrons, carottes, germes de soja) coupés en morceaux.
- Tofu en dés.
- Sauce tamari ou soja réduite en sodium.
- Jus de citron.
- Cacahuètes hachées.
- Sel et poivre.

Préparation :

Faites cuire les nouilles de riz selon les instructions.
Faites sauter les légumes et le tofu avec la sauce tamari et le jus de citron.
Ajoutez les nouilles cuites et mélangez, saupoudrez de cacahuètes, salez et poivrez.

148. Salade de Pâtes au Pesto d'Avocat

Ingrédients : pour 4 personnes

- Pâtes de blé complet.
- Avocat mûr.
- Basilic frais.
- Ail émincé.
- Jus de citron.
- Noix de cajou grillées.
- Sel et poivre.

Préparation :

Faites cuire les pâtes selon les instructions.
Mixez l'avocat, le basilic, l'ail, le jus de citron et les noix de cajou jusqu'à obtenir un pesto.
Mélangez la sauce pesto avec les pâtes cuites, salez et poivrez.

149. Pâtes au Pesto de Noix

Ingrédients : pour 4 personnes

- Pâtes de blé complet.
- Noix.
- Ail émincé.
- Huile d'olive.
- Levure nutritionnelle.
- Sel et poivre.

Préparation :

Faites cuire les pâtes selon les instructions.
Mixez les noix, l'ail, l'huile d'olive et la levure nutritionnelle pour obtenir un pesto.
Mélangez la sauce pesto avec les pâtes cuites, salez et poivrez.

150. Pâtes de Lentilles au Brocoli

Ingrédients : pour 4 personnes

- Pâtes de lentilles.
- Brocoli en fleurettes.
- Ail émincé.
- Huile d'olive.
- Flocons de piment rouge.
- Parmesan râpé (facultatif).
- Sel et poivre.

Préparation :

Faites cuire les pâtes de lentilles selon les instructions.
Faites sauter le brocoli dans l'huile d'olive avec l'ail et les flocons de piment rouge.
Mélangez les pâtes cuites avec le brocoli, ajoutez le parmesan si désiré, salez et poivrez.

151. Pâtes au Beurre d'Arachide et Légumes

Ingrédients : pour 4 personnes
- Pâtes de blé complet.
- Beurre d'arachide naturel.
- Légumes variés (poivrons, carottes, oignons) coupés en morceaux.
- Sauce soja réduite en sodium.
- Jus de citron.
- Cacahuètes hachées.
- Sel et poivre.

Préparation :
Faites cuire les pâtes selon les instructions.
Dans une poêle, faites sauter les légumes avec la sauce soja et le jus de citron.
Mélangez les pâtes cuites avec le beurre d'arachide, les légumes sautés, saupoudrez de cacahuètes, salez et poivrez.

152. Raviolis aux Épinards et à la Ricotta

Ingrédients : pour 4 personnes
- Raviolis aux épinards (choisissez des options à faible IG).
- Sauce tomate sans sucre ajouté.
- Épinards frais.
- Fromage ricotta faible en gras.
- Parmesan râpé.
- Sel et poivre.

Préparation :
Faites cuire les raviolis selon les instructions.
Faites sauter les épinards avec un peu d'huile d'olive.
Mélangez les épinards, la ricotta, le parmesan, le sel et le poivre.
Servez les raviolis avec la sauce tomate et la garniture aux épinards.

153. Pâtes aux Légumes Grillés

Ingrédients : pour 4 personnes

- Pâtes de blé complet.
- Légumes grillés (courgettes, poivrons, aubergines) coupés en morceaux.
- Ail émincé.
- Huile d'olive.
- Herbes fraîches (basilic, thym).
- Sel et poivre.

Préparation :

Faites cuire les pâtes selon les instructions.
Faites sauter les légumes grillés avec l'ail et l'huile d'olive.
Mélangez les pâtes avec les légumes sautés, ajoutez les herbes, salez et poivrez.

154. Nouilles de Konjac à la Sauce Tomate

Ingrédients : pour 4 personnes

- Nouilles de konjac (shirataki).
- Sauce tomate sans sucre ajouté.
- Légumes (courgettes, champignons) coupés en morceaux.
- Ail émincé.
- Huile d'olive.
- Herbes séchées (origan, basilic).
- Sel et poivre.

Préparation :

Rincez les nouilles de konjac à l'eau froide et égouttez-les.
Faites sauter les légumes avec l'ail et l'huile d'olive.
Ajoutez la sauce tomate et les herbes, mélangez avec les nouilles de konjac, salez et poivrez.

155. Pâtes à la Sauce Tomate et aux Crevettes

Ingrédients : pour 4 personnes
- Pâtes de blé complet.
- Crevettes décortiquées.
- Sauce tomate sans sucre ajouté.
- Ail émincé.
- Huile d'olive.
- Herbes fraîches (persil, basilic).
- Sel et poivre.

Préparation :

Faites cuire les pâtes selon les instructions.
Faites sauter les crevettes avec l'ail dans l'huile d'olive.
Ajoutez la sauce tomate et les herbes, mélangez avec les pâtes cuites, salez et poivrez.

156. Pâtes au Curry de Légumes

Ingrédients : pour 4 personnes
- Pâtes de blé complet.
- Légumes variés (poivrons, carottes, pois mange-tout) coupés en morceaux.
- Lait de coco non sucré.
- Pâte de curry.
- Jus de citron vert.
- Herbes fraîches (coriandre, menthe).
- Sel et poivre.

Préparation :

Faites cuire les pâtes selon les instructions.
Faites sauter les légumes avec la pâte de curry.
Ajoutez le lait de coco et le jus de citron vert, mélangez avec les pâtes cuites.
Garnissez d'herbes fraîches, salez et poivrez.

157. Pâtes à la Sauce Alfredo Légère

Ingrédients : pour 4 personnes

- Pâtes de blé complet.
- Sauce Alfredo légère (à base de lait d'amande non sucré, ail, parmesan, noix de cajou).
- Épinards frais.
- Sel et poivre.

Préparation :

Faites cuire les pâtes selon les instructions.
Faites chauffer la sauce Alfredo légère dans une poêle.
Ajoutez les épinards et faites cuire jusqu'à ce qu'ils soient fanés.
Mélangez les pâtes avec la sauce et les épinards, salez et poivrez.

158. Salade de Pâtes Méditerranéenne

Ingrédients : pour 4 personnes

- Pâtes de blé complet.
- Tomates cerises coupées en deux.
- Concombres coupés en dés.
- Poivrons coupés en morceaux.
- Olives noires dénoyautées.
- Feta faible en gras émiettée.
- Herbes fraîches (origan, basilic).
- Vinaigrette à base de vinaigre balsamique et d'huile d'olive.
- Sel et poivre.

Préparation :

Faites cuire les pâtes selon les instructions.
Mélangez les pâtes cuites avec les légumes, les olives, la feta et les herbes.
Assaisonnez avec la vinaigrette, salez et poivrez.

159. Pâtes au Saumon et aux Épinards

Ingrédients : pour 4 personnes
- Pâtes de blé complet.
- Filets de saumon cuits et émiettés.
- Épinards frais.
- Ail émincé.
- Jus de citron.
- Huile d'olive.
- Parmesan râpé (facultatif).
- Sel et poivre.

Préparation :
Faites cuire les pâtes selon les instructions.
Faites sauter les épinards avec l'ail dans l'huile d'olive.
Mélangez les pâtes cuites avec le saumon, les épinards sautés, le jus de citron, ajoutez le parmesan si désiré, salez et poivrez.

160. Pâtes à la Crème d'Artichauts

Ingrédients : pour 4 personnes
- Pâtes de blé complet.
- Cœurs d'artichauts en conserve (sans huile ajoutée).
- Ail émincé.
- Crème de noix de cajou (faite en mixant des noix de cajou trempées avec de l'eau).
- Herbes fraîches (persil, basilic).
- Sel et poivre.

Préparation :
Faites cuire les pâtes selon les instructions.
Faites sauter les cœurs d'artichauts avec l'ail dans un peu d'huile d'olive.
Ajoutez la crème de noix de cajou et les herbes, mélangez avec les pâtes cuites, salez et poivrez.

Desserts

161. Yaourt Grec aux Baies Fraîches

Ingrédients : pour 4 personnes

- Yaourt grec nature.
- Baies fraîches (framboises, fraises, myrtilles).
- Noix concassées.
- Cannelle (facultatif).

Préparation :

Servez le yaourt avec les baies fraîches, les noix et saupoudrez de cannelle si désiré.

162. Compote de Pommes Cannelle

Ingrédients : pour 4 personnes

- Pommes pelées et coupées en morceaux.
- Cannelle.
- Eau.

Préparation :

Faites cuire les pommes avec un peu d'eau et de cannelle jusqu'à obtenir une compote.

163. Smoothie Vert aux Épinards et Avocat

Ingrédients : pour 4 personnes

- Épinards frais.
- Avocat mûr.
- Lait d'amande non sucré.
- Banane.
- Jus de citron.

Préparation :

Mixez les épinards, l'avocat, le lait d'amande, la banane et le jus de citron jusqu'à obtenir un smoothie crémeux.

164. Mousse au Chocolat Avocat

Ingrédients : pour 4 personnes

- Avocat mûr.
- Cacao en poudre non sucré.
- Lait de coco non sucré.
- Vanille.
- Noix concassées.

Préparation :

Mixez l'avocat, le cacao en poudre, le lait de coco et la vanille jusqu'à obtenir une mousse lisse.

Servez garni de noix concassées.

165. Boules d'Énergie aux Noix

Ingrédients : pour 4 personnes

- Noix mélangées (amandes, noix de cajou, noix).
- Dattes dénoyautées.
- Cacao en poudre non sucré.
- Noix de coco râpée.

Préparation :

Mixez les noix, les dattes et le cacao en poudre jusqu'à obtenir une pâte.

Formez des petites boules et roulez-les dans la noix de coco râpée.

166. Purée de Mangue

Ingrédients : pour 4 personnes

- Mangue mûre pelée et coupée.
- Jus de citron.

Préparation :

Mixez la mangue avec le jus de citron jusqu'à obtenir une purée lisse.

167. Crème Chia aux Baies

Ingrédients : pour 4 personnes

- Graines de chia.
- Lait d'amande non sucré.
- Baies fraîches.
- Noix concassées.

Préparation :

Mélangez les graines de chia avec le lait d'amande, laissez reposer pour épaissir.

Servez avec les baies fraîches et les noix.

168. Tartelette aux Fruits

Ingrédients : pour 4 personnes

- Croûte de tartelette à base de noix et de flocons d'avoine.
- Fromage à la crème faible en gras.
- Fruits variés (fraises, kiwi, mangue) en tranches.

Préparation :

Étalez une fine couche de fromage à la crème sur la croûte de tartelette.

Disposez les tranches de fruits par-dessus.

169. Glace à la Banane

Ingrédients : pour 4 personnes

- Bananes mûres congelées.
- Lait d'amande non sucré.
- Vanille (facultatif).

Préparation :

Mixez les bananes congelées avec un peu de lait d'amande et de vanille pour obtenir une texture de glace.

170. Tarte aux Noix et aux Dattes

Ingrédients : pour 4 personnes

- Croûte de tarte à base de noix et de dattes.
- Noix mélangées (amandes, noix de cajou, noix).
- Lait de coco non sucré.
- Cannelle.

Préparation :

Mixez les noix avec les dattes pour former la croûte de tarte.

Mixez les noix avec le lait de coco et la cannelle pour la garniture.

Versez la garniture dans la croûte et réfrigérez jusqu'à ce qu'elle soit ferme.

171. Pouding au Chia et Cacao

Ingrédients : pour 4 personnes

- Graines de chia.
- Lait d'amande non sucré.
- Cacao en poudre non sucré.
- Vanille.
- Noix concassées.

Préparation :

Mélangez les graines de chia avec le lait d'amande, le cacao en poudre et la vanille.

Laissez reposer au réfrigérateur pour épaissir.

Servez garni de noix concassées.

172. Poires Cuites au Four

Ingrédients : pour 4 personnes

- Poires mûres coupées en deux et évidées.
- Cannelle.
- Noix concassées.
- Yaourt grec nature.

Préparation :

Saupoudrez les poires de cannelle et faites-les cuire au four jusqu'à ce qu'elles soient tendres.
Servez avec des noix concassées et un peu de yaourt grec.

173. Crêpes à la Farine d'Amande

Ingrédients : pour 4 personnes

- Farine d'amande.
- Oeufs.
- Lait d'amande non sucré.
- Vanille.

Préparation :

Mélangez la farine d'amande, les œufs, le lait d'amande et la vanille pour faire la pâte à crêpes.

Faites cuire les crêpes dans une poêle antiadhésive.

174. Pudding à la Noix de Coco

Ingrédients : pour 4 personnes

- Lait de coco non sucré.
- Graines de chia.
- Vanille.
- Noix de coco râpée.

Préparation :

Mélangez le lait de coco, les graines de chia et la vanille.

Laissez reposer au réfrigérateur pour épaissir.

Servez saupoudré de noix de coco râpée.

175. Gâteau aux Carottes

Ingrédients : pour 4 personnes

- Carottes râpées.
- Farine de noix de coco.
- Oeufs.
- Lait d'amande non sucré.
- Cannelle.
- Levure chimique.

Préparation :

Mélangez les carottes râpées, la farine de noix de coco, les œufs, le lait d'amande, la cannelle et la levure chimique.

Versez dans un moule et faites cuire au four jusqu'à ce qu'il soit doré et cuit.

176. Crumble aux Pommes

Ingrédients : pour 4 personnes

- Pommes coupées en morceaux.
- Farine d'amande.
- Noix concassées.
- Cannelle.
- Beurre de noix.

Préparation :

Mélangez les pommes avec un peu de cannelle et mettez-les au fond d'un plat.
Mélangez la farine d'amande, les noix concassées et le beurre de noix pour faire la garniture.
Saupoudrez la garniture sur les pommes et faites cuire au four jusqu'à ce qu'il soit croustillant.

177. Pancakes à la Banane

Ingrédients : pour 4 personnes

- Bananes mûres écrasées.
- Oeufs.
- Farine d'amande.
- Levure chimique.
- Vanille.

Préparation :

Mélangez les bananes écrasées, les œufs, la farine d'amande, la levure chimique et la vanille pour faire la pâte à pancakes.

Faites cuire les pancakes dans une poêle antiadhésive.

178. Muffins aux Myrtilles et Amandes

Ingrédients : pour 4 personnes

- Farine d'amande.
- Oeufs.
- Lait d'amande non sucré.
- Myrtilles.
- Amandes effilées.

Préparation :

Mélangez la farine d'amande, les œufs, le lait d'amande et les myrtilles pour faire la pâte à muffins.
Versez la pâte dans des moules à muffins et saupoudrez d'amandes effilées.
Faites cuire au four jusqu'à ce qu'ils soient dorés et cuits.

179. Chia Pudding au Cacao

Ingrédients : pour 4 personnes

- Graines de chia.
- Lait d'amande non sucré.
- Cacao en poudre non sucré.
- Vanille.
- Noix concassées.

Préparation :

Mélangez les graines de chia, le lait d'amande, le cacao en poudre et la vanille.

Laissez reposer au réfrigérateur pour épaissir.

Servez garni de noix concassées.

180. Mousse au Coco et aux Baies

Ingrédients : pour 4 personnes

- Crème de coco (partie solide de la boîte de lait de coco).
- Baies fraîches.
- Noix de coco râpée.

Préparation :

Fouettez la crème de coco jusqu'à ce qu'elle soit légère et mousseuse.

Servez avec les baies fraîches et saupoudrez de noix de coco râpée.

Boissons

181. Eau Infusée aux Agrumes

Ingrédients : pour 4 personnes
- Eau.
- Tranches d'agrumes (citron, orange, pamplemousse).

Préparation :
Remplissez une carafe d'eau et ajoutez les tranches d'agrumes.
Laissez infuser au réfrigérateur pendant quelques heures avant de déguster.

182. Thé Vert à la Menthe

Ingrédients : pour 4 personnes
- Thé vert.
- Feuilles de menthe fraîche.

Préparation :
Infusez le thé vert avec de l'eau chaude.
Ajoutez les feuilles de menthe fraîche et laissez reposer avant de boire.

183. Smoothie Vert Détox

Ingrédients : pour 4 personnes
- Épinards frais.
- Concombre.
- Céleri.
- Persil.
- Eau de coco.

Préparation :
Mixez les légumes avec de l'eau de coco jusqu'à obtenir un smoothie lisse.

184. Limonade au Citron Vert

Ingrédients : pour 4 personnes
- Eau.
- Jus de citron vert frais.
- Feuilles de menthe.
- Tranches de concombre.

Préparation :
Mélangez l'eau avec le jus de citron vert.
Ajoutez les feuilles de menthe et les tranches de concombre pour une touche rafraîchissante.

185. Infusion de Camomille

Ingrédients : pour 4 personnes
- Fleurs de camomille séchées.
- Eau chaude.

Préparation :
Infusez les fleurs de camomille dans de l'eau chaude pendant quelques minutes.

186. Smoothie à la Mangue et au Gingembre

Ingrédients : pour 4 personnes
- Mangue mûre.
- Gingembre frais.
- Lait de coco non sucré.

Préparation :
Mixez la mangue avec un peu de gingembre frais et de lait de coco jusqu'à obtenir un smoothie crémeux.

187. Infusion à la Menthe et au Gingembre

Ingrédients : pour 4 personnes
- Feuilles de menthe fraîche.
- Morceaux de gingembre frais.
- Eau chaude.

Préparation :
Infusez les feuilles de menthe et les morceaux de gingembre dans de l'eau chaude.

188. Latte au Curcuma

Ingrédients : pour 4 personnes
- Lait d'amande non sucré.
- Curcuma en poudre.
- Poivre noir (pour augmenter l'absorption du curcuma).
- Cannelle (facultatif).

Préparation :
Chauffez le lait d'amande et mélangez avec le curcuma, le poivre noir et la cannelle.

189. Jus de Légumes Verts

Ingrédients : pour 4 personnes
- Concombre.
- Céleri.
- Épinards.
- Pomme verte (pour la douceur).

Préparation :
Passez les légumes et la pomme à travers un extracteur de jus pour obtenir un jus frais.

190. Infusion au Hibiscus

Ingrédients : pour 4 personnes
- Fleurs d'hibiscus séchées.
- Eau chaude.

Préparation :
Infusez les fleurs d'hibiscus dans de l'eau chaude pour obtenir une infusion acidulée.

191. Smoothie à la Framboise et à la Noix de Coco

Ingrédients : pour 4 personnes
- Framboises.
- Lait de coco non sucré.
- Graines de chia (pour l'épaisseur).

Préparation :
Mixez les framboises avec le lait de coco et les graines de chia jusqu'à obtenir un smoothie onctueux.

192. Café Glacé à la Vanille

Ingrédients : pour 4 personnes
- Café fort refroidi.
- Lait d'amande non sucré.
- Extrait de vanille.

Préparation :
Mélangez le café, le lait d'amande et l'extrait de vanille.
Servez sur des glaçons.

193. Infusion au Gingembre et à la Citronnelle

Ingrédients : pour 4 personnes
- Morceaux de gingembre frais.
- Tiges de citronnelle.
- Eau chaude.

Préparation :
Infusez le gingembre et la citronnelle dans de l'eau chaude pour une infusion parfumée.

194. Smoothie aux Myrtilles et à la Menthe

Ingrédients : pour 4 personnes
- Myrtilles.
- Feuilles de menthe fraîche.
- Lait d'amande non sucré.

Préparation :
Mixez les myrtilles avec les feuilles de menthe et le lait d'amande jusqu'à obtenir un smoothie lisse.

195. Eau de Coco Naturelle

Ingrédients : pour 4 personnes
- Eau de coco naturelle (sans sucre ajouté).

Préparation :
Servez de l'eau de coco naturelle bien fraîche.

196. Smoothie à l'Ananas et à la Noix de Coco

Ingrédients : pour 4 personnes
- Ananas frais coupé en morceaux.
- Lait de coco non sucré.
- Noix de coco râpée.

Préparation :
Mixez l'ananas avec le lait de coco jusqu'à obtenir un smoothie crémeux. Saupoudrez de noix de coco râpée avant de servir.

197. Infusion à la Menthe Poivrée

Ingrédients : pour 4 personnes
- Feuilles de menthe poivrée fraîche.
- Eau chaude.

Préparation :
Infusez les feuilles de menthe poivrée dans de l'eau chaude pour une infusion revigorante.

198. Jus de Carotte et Gingembre

Ingrédients : pour 4 personnes
- Carottes.
- Morceaux de gingembre frais.

Préparation :
Passez les carottes et le gingembre à travers un extracteur de jus pour obtenir un jus vitaminé.

199. Smoothie à la Pastèque et à la Menthe

Ingrédients : pour 4 personnes

- Pastèque coupée en morceaux.
- Feuilles de menthe fraîche.
- Jus de citron.

Préparation :

Mixez la pastèque avec les feuilles de menthe et le jus de citron pour un smoothie rafraîchissant.

200. Infusion au Romarin et au Citron

Ingrédients : pour 4 personnes

- Branches de romarin frais.
- Tranches de citron.
- Eau chaude.

Préparation :

Infusez les branches de romarin et les tranches de citron dans de l'eau chaude pour une infusion aromatique.

Boulangerie et pâtisserie

201. Pain aux Noix et aux Graines

Ingrédients : pour 4 personnes
- Farine de blé complet.
- Levure.
- Eau.
- Noix mélangées (noix, amandes, noisettes).
- Graines de tournesol et de courge.
- Sel.

Préparation :
Mélangez la farine, la levure, l'eau et le sel pour faire la pâte à pain.
Ajoutez les noix et les graines, laissez lever et faites cuire au four.

202. Muffins aux Myrtilles

Ingrédients : pour 4 personnes
- Farine d'amande.
- Oeufs.
- Lait d'amande non sucré.
- Myrtilles.

Préparation :
Mélangez la farine d'amande, les œufs et le lait d'amande pour faire la pâte à muffins.
Ajoutez les myrtilles et faites cuire au four.

203. Biscuits à l'Avoine et aux Noix

Ingrédients : pour 4 personnes
- Flocons d'avoine. + Farine de blé complet.
- Noix mélangées concassées.
- Beurre d'amande. + Oeufs.

Préparation :
Mélangez les flocons d'avoine, la farine, les noix, le beurre d'amande et les œufs pour faire la pâte à biscuits.
Formez des biscuits et faites cuire au four.

204. Pancakes à la Farine de Noix de Coco

Ingrédients : pour 4 personnes
- Farine de noix de coco.
- Oeufs. + Lait d'amande non sucré.
- Levure chimique.
- Vanille.

Préparation :
Mélangez la farine de noix de coco, les œufs, le lait d'amande, la levure chimique et la vanille pour faire la pâte à pancakes.
Faites cuire les pancakes dans une poêle antiadhésive.

205. Croissants aux Amandes

Ingrédients : pour 4 personnes
- Pâte feuilletée (utilisez une version sans sucre ajouté).
- Poudre d'amande. + Beurre.
- Œuf (pour la dorure).

Préparation :
Étalez la pâte feuilletée et découpez-la en triangles.
Mélangez la poudre d'amande avec le beurre pour la garniture.
Placez la garniture sur les triangles de pâte et roulez-les en croissants.
Badigeonnez d'œuf et faites cuire au four.

206. Pain aux Bananes et aux Noix

Ingrédients : pour 4 personnes
- Bananes mûres écrasées. + Farine de blé complet.
- Oeufs. + Noix concassées. + Levure chimique.

Préparation :
Mélangez les bananes écrasées, la farine, les œufs, les noix et la levure pour faire la pâte à pain.
Faites cuire au four jusqu'à ce qu'il soit doré et cuit.

207. Tartelettes aux Fruits

Ingrédients : pour 4 personnes
- Croûte de tartelette à base de noix et de flocons d'avoine.
- Fromage à la crème faible en gras.
- Fruits variés (fraises, kiwi, mangue) en tranches.

Préparation :
Étalez une fine couche de fromage à la crème sur la croûte de tartelette.
Disposez les tranches de fruits par-dessus.

208. Brioche aux Pommes et à la Cannelle

Ingrédients : pour 4 personnes
- Farine de blé complet. + Levure. + Eau.
- Pommes coupées en morceaux. + Cannelle.
- Beurre (ou alternative végétalienne).

Préparation :
Mélangez la farine, la levure, l'eau et pétrissez la pâte à brioche.
Incorporez les morceaux de pommes et la cannelle dans la pâte.
Formez la brioche, laissez lever et faites cuire au four.

209. Pain Plat aux Courgettes

Ingrédients : pour 4 personnes
- Courgettes râpées. + Farine de noix de coco.
- Oeufs. + Levure chimique.
- Herbes fraîches (ciboulette, persil).

Préparation :
Mélangez les courgettes râpées, la farine de noix de coco, les œufs, la levure et les herbes pour faire la pâte.
Étalez la pâte en un pain plat et faites cuire au four.

210. Muffins à la Citrouille et à la Noix de Coco

Ingrédients : pour 4 personnes
- Purée de citrouille. + Farine de noix de coco.
- Oeufs. + Lait de coco non sucré.
- Noix de coco râpée.

Préparation :
Mélangez la purée de citrouille, la farine de noix de coco, les œufs et le lait de coco pour faire la pâte à muffins. Ajoutez de la noix de coco râpée et faites cuire au four.

211. Pain aux Noix de Pécan

Ingrédients : pour 4 personnes
- Farine d'amande. + Oeufs.
- Lait d'amande non sucré.
- Noix de pécan concassées.

Préparation :
Mélangez la farine d'amande, les œufs et le lait d'amande pour faire la pâte à pain. Incorporez les noix de pécan concassées, laissez lever et faites cuire au four.

212. Cookies à la Noix de Coco et aux Amandes

Ingrédients : pour 4 personnes
- Farine d'amande. + Noix de coco râpée.
- Amandes effilées. + Beurre de noix de coco.
- Oeufs.

Préparation :
Mélangez la farine d'amande, la noix de coco râpée, les amandes effilées, le beurre de noix de coco et les œufs pour faire la pâte à cookies.
Formez des cookies et faites cuire au four.

213. Pain aux Épices et à la Courge

Ingrédients : pour 4 personnes
- Purée de courge. + Farine de blé complet.
- Oeufs. + Épices (cannelle, gingembre, muscade).
- Levure chimique.

Préparation :
Mélangez la purée de courge, la farine, les œufs, les épices et la levure pour faire la pâte à pain.
Faites cuire au four jusqu'à ce qu'il soit doré et cuit.

214. Tarte à la Patate Douce et aux Noix

Ingrédients : pour 4 personnes
- Patate douce cuite et écrasée. + Farine de blé complet.
- Oeufs. + Noix mélangées concassées.
- Cannelle.

Préparation :
Mélangez la patate douce écrasée, la farine, les œufs, les noix et la cannelle pour faire la pâte à tarte.
Étalez la pâte dans un moule, versez la garniture et faites cuire au four.

215. Pain aux Carottes et aux Noix

Ingrédients : pour 4 personnes
- Carottes râpées. + Farine de noix de coco.
- Oeufs. + Noix concassées.

Préparation :
Mélangez les carottes râpées, la farine de noix de coco, les œufs et les noix pour faire la pâte à pain.
Laissez lever et faites cuire au four.

216. Beignets à la Courgette

Ingrédients : pour 4 personnes
- Courgettes râpées. + Farine de blé complet.
- Oeufs. + Levure chimique.
- Herbes fraîches (basilic, persil).

Préparation :
Mélangez les courgettes râpées, la farine, les œufs, la levure et les herbes pour faire la pâte à beignets.
Faites cuire les beignets dans une poêle antiadhésive.

217. Tartelettes à la Crème de Noix de Coco

Ingrédients : pour 4 personnes
- Croûte de tartelette à base de noix et de flocons d'avoine.
- Crème de noix de coco (partie solide de la boîte de lait de coco).
- Extrait de vanille.

Préparation :
Étalez une fine couche de crème de noix de coco sur la croûte de tartelette.
Ajoutez un peu d'extrait de vanille pour la saveur. Réfrigérez avant de servir.

218. Pain aux Noix de Cajou et à la Banane

Ingrédients : pour 4 personnes
- Bananes mûres écrasées. + Farine de noix de cajou.
- Oeufs. + Noix de cajou concassées.

Préparation :
Mélangez les bananes écrasées, la farine de noix de cajou, les œufs et les noix de cajou pour faire la pâte à pain.
Laissez lever et faites cuire au four.

219. Galette aux Pommes et aux Amandes

Ingrédients : pour 4 personnes

- Pommes coupées en tranches fines.
- Farine d'amande.
- Amandes effilées.
- Cannelle.

Préparation :

Disposez les tranches de pommes sur une pâte feuilletée.
Saupoudrez de farine d'amande, d'amandes effilées et de cannelle.
Rabattez les bords de la pâte et faites cuire au four.

220. Pain aux Courgettes et aux Graines

Ingrédients : pour 4 personnes

- Courgettes râpées.
- Farine d'amande.
- Oeufs.
- Graines de tournesol et de courge.

Préparation :

Mélangez les courgettes râpées, la farine d'amande et les œufs pour faire la pâte à pain.
Incorporez les graines, laissez lever et faites cuire au four.

Ragoûts

221. Ragoût de Haricots Blancs et Légumes

Ingrédients : pour 4 personnes

- Haricots blancs.
- Légumes variés (carottes, courgettes, poivrons).
- Bouillon de légumes.
- Herbes aromatiques (thym, romarin).
- Sel et poivre.

Préparation :

Faites revenir les légumes dans un peu d'huile.
Ajoutez les haricots blancs, le bouillon et les herbes.
Laissez mijoter jusqu'à ce que les légumes soient tendres.

222. Ragoût de Poulet et Légumes Racines

Ingrédients : pour 4 personnes

- Morceaux de poulet.
- Légumes racines (carottes, navets, panais).
- Bouillon de poulet.
- Oignon.
- Ail.
- Herbes de Provence.

Préparation :

Faites dorer le poulet dans une poêle.
Ajoutez les légumes, l'oignon et l'ail.
Versez le bouillon et les herbes, laissez mijoter jusqu'à cuisson complète.

223. Ragoût de Pois Chiches et Épinards

Ingrédients : pour 4 personnes

- Pois chiches cuits.
- Épinards frais.
- Tomates en dés (en conserve).
- Oignon.
- Ail.
- Cumin.
- Paprika.
- Sel et poivre.

Préparation :

Faites revenir l'oignon et l'ail dans une casserole.
Ajoutez les pois chiches, les épinards et les tomates.
Assaisonnez avec le cumin, le paprika, le sel et le poivre. Laissez mijoter.

224. Ragoût de Bœuf aux Champignons

Ingrédients : pour 4 personnes

- Morceaux de bœuf.
- Champignons tranchés.
- Bouillon de bœuf.
- Vin rouge (en option).
- Oignon + Ail + Thym.
- Sel et poivre.

Préparation :

Faites dorer le bœuf dans une casserole.
Ajoutez les champignons, l'oignon et l'ail.
Versez le bouillon et le vin rouge, si utilisé.
Assaisonnez avec le thym, le sel et le poivre. Laissez mijoter.

225. Ragoût de Légumes d'Automne

Ingrédients : pour 4 personnes
- Légumes d'automne (potiron, courge, patate douce).
- Bouillon de légumes.
- Oignon.
- Ail.
- Romarin.
- Sel et poivre.

Préparation :
Faites revenir l'oignon et l'ail dans une casserole.
Ajoutez les légumes, le bouillon et le romarin.
Laissez mijoter jusqu'à ce que les légumes soient tendres.

226. Ragoût de Poisson aux Légumes

Ingrédients : pour 4 personnes
- Filets de poisson (morue, cabillaud).
- Légumes variés (poireaux, carottes, céleri).
- Bouillon de poisson.
- Aneth.
- Jus de citron.

Préparation :

Faites cuire les légumes dans le bouillon de poisson.

Ajoutez les filets de poisson et faites cuire doucement.

Assaisonnez avec de l'aneth et du jus de citron.

227. Ragoût de Dinde et Légumes

Ingrédients : pour 4 personnes

- Morceaux de dinde.
- Légumes variés (poivrons, tomates, courgettes).
- Bouillon de volaille.
- Herbes italiennes.
- Sel et poivre.

Préparation :

Faites cuire la dinde dans une poêle.
Ajoutez les légumes, le bouillon et les herbes.
Laissez mijoter jusqu'à ce que tout soit bien cuit.

228. Ragoût Végétarien aux Lentilles

Ingrédients : pour 4 personnes

- Lentilles (vertes ou brunes).
- Légumes variés (carottes, poivrons, céleri).
- Bouillon de légumes.
- Tomates en dés (en conserve).
- Cumin.
- Coriandre.
- Sel et poivre.

Préparation :

Faites cuire les lentilles dans le bouillon de légumes.

Ajoutez les légumes et les tomates.

Assaisonnez avec le cumin, la coriandre, le sel et le poivre. Laissez mijoter.

229. Ragoût de Porc et Chou Frisé

Ingrédients : pour 4 personnes

- Morceaux de porc.
- Chou frisé coupé en lanières.
- Bouillon de porc.
- Oignon.
- Ail.
- Thym.
- Sel et poivre.

Préparation :

Faites dorer le porc dans une casserole.
Ajoutez l'oignon et l'ail, puis le chou frisé.
Versez le bouillon et assaisonnez avec le thym, le sel et le poivre. Laissez mijoter.

230. Ragoût de Tofu et Légumes

Ingrédients : pour 4 personnes

- Tofu coupé en dés.
- Légumes variés (brocoli, poivrons, champignons).
- Bouillon de légumes.
- Sauce soja faible en sodium.
- Gingembre frais râpé.
- Ail.

Préparation :

Faites cuire le tofu dans une poêle jusqu'à ce qu'il soit doré.

Ajoutez les légumes, le bouillon, la sauce soja, le gingembre et l'ail.

Laissez mijoter jusqu'à ce que les légumes soient tendres.

231. Ragoût d'Agneau aux Légumes

Ingrédients : pour 4 personnes

- Morceaux d'agneau.
- Légumes variés (carottes, poireaux, navets).
- Bouillon d'agneau.
- Romarin.
- Sel et poivre.

Préparation :

Faites dorer l'agneau dans une casserole.
Ajoutez les légumes, le bouillon et le romarin.
Assaisonnez avec le sel et le poivre. Laissez mijoter.

232. Ragoût de Quinoa aux Légumes

Ingrédients : pour 4 personnes

- Quinoa.
- Légumes variés (aubergines, poivrons, courgettes).
- Bouillon de légumes.
- Herbes méditerranéennes.
- Sel et poivre.

Préparation :

Faites cuire le quinoa dans le bouillon de légumes.

Ajoutez les légumes et les herbes.

Assaisonnez avec le sel et le poivre. Laissez mijoter.

233. Ragoût de Canard aux Champignons

Ingrédients : pour 4 personnes

- Cuisses de canard.
- Champignons tranchés.
- Bouillon de volaille.
- Vin rouge (en option).
- Oignon.
- Ail.
- Thym.
- Sel et poivre.

Préparation :

Faites dorer le canard dans une casserole.
Ajoutez les champignons, l'oignon et l'ail.
Versez le bouillon et le vin rouge, si utilisé.
Assaisonnez avec le thym, le sel et le poivre. Laissez mijoter.

234. Ragoût de Veau aux Légumes

Ingrédients : pour 4 personnes

- Morceaux de veau.
- Légumes variés (poireaux, carottes, céleri).
- Bouillon de veau.
- Herbes de Provence.
- Sel et poivre.

Préparation :

Faites cuire le veau dans une casserole.
Ajoutez les légumes et le bouillon.
Assaisonnez avec les herbes, le sel et le poivre. Laissez mijoter.

235. Ragoût de Saumon aux Légumes

Ingrédients : pour 4 personnes

- Filets de saumon.
- Légumes variés (poireaux, carottes, céleri).
- Bouillon de poisson.
- Aneth.
- Jus de citron.

Préparation :

Faites cuire les légumes dans le bouillon de poisson.
Ajoutez les filets de saumon et faites cuire doucement.
Assaisonnez avec de l'aneth et du jus de citron.

236. Ragoût de Chou et Pommes de Terre

Ingrédients : pour 4 personnes

- Pommes de terre coupées en cubes.
- Chou émincé.
- Bouillon de légumes.
- Oignon.
- Ail.
- Thym.
- Sel et poivre.

Préparation :

Faites revenir l'oignon et l'ail dans une casserole.
Ajoutez les pommes de terre, le chou et le bouillon.
Assaisonnez avec le thym, le sel et le poivre. Laissez mijoter.

237. Ragoût de Crevettes et Légumes

Ingrédients : pour 4 personnes

- Crevettes décortiquées.
- Légumes variés (poivrons, courgettes, tomates).
- Bouillon de légumes.
- Sauce tomate sans sucre ajouté.
- Basilic.
- Sel et poivre.

Préparation :

Faites cuire les légumes dans le bouillon de légumes.

Ajoutez les crevettes et la sauce tomate.

Assaisonnez avec le basilic, le sel et le poivre. Laissez mijoter.

238. Ragoût de Lapin aux Légumes

Ingrédients : pour 4 personnes

- Morceaux de lapin.
- Légumes variés (carottes, oignons, champignons).
- Bouillon de volaille.
- Vin blanc sec (en option).
- Romarin.
- Sel et poivre.

Préparation :

Faites dorer le lapin dans une casserole.

Ajoutez les légumes, le bouillon et le vin blanc.

Assaisonnez avec le romarin, le sel et le poivre. Laissez mijoter.

239. Ragoût de Tofu et Légumes Racines

Ingrédients : pour 4 personnes

- Tofu coupé en dés.
- Légumes racines (carottes, panais, navets).
- Bouillon de légumes.
- Sauce tamari.
- Herbes de votre choix.
- Sel et poivre.

Préparation :

Faites cuire le tofu dans une poêle jusqu'à ce qu'il soit doré.
Ajoutez les légumes racines, le bouillon et la sauce tamari.
Assaisonnez avec les herbes, le sel et le poivre. Laissez mijoter.

240. Ragoût de Bœuf aux Légumes d'Hiver

Ingrédients : pour 4 personnes

- Morceaux de bœuf.
- Légumes d'hiver (céleri-rave, topinambour, rutabaga).
- Bouillon de bœuf.
- Thym.
- Sel et poivre.

Préparation :

Faites cuire le bœuf dans une casserole.
Ajoutez les légumes, le bouillon et le thym.
Assaisonnez avec le sel et le poivre. Laissez mijoter.

Crèmes et sauces

241. Sauce Tomate Maison

Ingrédients : pour 4 personnes

- Tomates en dés (en conserve).
- Oignon.
- Ail.
- Basilic.
- Huile d'olive.
- Sel et poivre.

Préparation :

Faites revenir l'oignon et l'ail dans l'huile d'olive.

Ajoutez les tomates en dés, le basilic, le sel et le poivre.

Laissez mijoter jusqu'à épaississement.

242. Sauce à l'Avocat

Ingrédients : pour 4 personnes

- Avocat mûr.
- Jus de citron.
- Ail.
- Ciboulette.
- Sel et poivre.

Préparation :

Mixez l'avocat, le jus de citron, l'ail et la ciboulette.

Assaisonnez avec le sel et le poivre.

243. Sauce au Yaourt et Concombre

Ingrédients : pour 4 personnes

- Yaourt grec nature.
- Concombre râpé et égoutté.
- Ail.
- Aneth.
- Sel et poivre.

Préparation :

Mélangez le yaourt, le concombre, l'ail et l'aneth.

Assaisonnez avec le sel et le poivre.

244. Sauce au Poivre Vert

Ingrédients : pour 4 personnes

- Poivre vert en conserve.
- Crème fraîche épaisse.
- Bouillon de volaille.
- Vin blanc sec (en option).
- Sel et poivre.

Préparation :

Faites chauffer la crème fraîche avec le bouillon.

Ajoutez le poivre vert et le vin blanc, si utilisé.

Assaisonnez avec le sel et le poivre.

245. Sauce Pesto

Ingrédients : pour 4 personnes

- Basilic frais.
- Amandes effilées.
- Ail.
- Huile d'olive.
- Parmesan râpé (facultatif).
- Sel et poivre.

Préparation :

Mixez le basilic, les amandes, l'ail et l'huile d'olive.

Ajoutez éventuellement le parmesan, le sel et le poivre.

246. Crème Champignon et Thym

Ingrédients : pour 4 personnes

- Champignons tranchés.
- Crème fraîche épaisse.
- Thym frais.
- Sel et poivre.

Préparation :

Faites revenir les champignons dans une poêle.

Ajoutez la crème fraîche et le thym.

Assaisonnez avec le sel et le poivre.

247. Sauce Citronnée au Beurre

Ingrédients : pour 4 personnes

- Beurre.
- Jus de citron.
- Zeste de citron.
- Persil.
- Sel et poivre.

Préparation :

Faites fondre le beurre dans une casserole.

Ajoutez le jus et le zeste de citron, ainsi que le persil.

Assaisonnez avec le sel et le poivre.

248. Sauce Moutarde et Estragon

Ingrédients : pour 4 personnes

- Moutarde de Dijon.
- Crème fraîche épaisse.
- Estragon frais.
- Sel et poivre.

Préparation :

Mélangez la moutarde et la crème fraîche dans une casserole.

Ajoutez l'estragon.

Assaisonnez avec le sel et le poivre.

249. Sauce Cacahuète et Coco

Ingrédients : pour 4 personnes

- Beurre de cacahuète naturel.
- Lait de coco.
- Ail.
- Sauce soja faible en sodium.
- Gingembre frais râpé.
- Sel et poivre.

Préparation :

Mélangez le beurre de cacahuète, le lait de coco, l'ail, la sauce soja et le gingembre dans une casserole.
Chauffez doucement tout en remuant jusqu'à épaississement.
Assaisonnez avec le sel et le poivre.

250. Sauce au Fromage Blanc et Fines Herbes

Ingrédients : pour 4 personnes

- Fromage blanc.
- Fines herbes mélangées (ciboulette, persil, cresson).
- Ail.
- Jus de citron.
- Sel et poivre.

Préparation :

Mélangez le fromage blanc, les fines herbes, l'ail et le jus de citron.

Assaisonnez avec le sel et le poivre.

251. Sauce Curry au Lait de Coco

Ingrédients : pour 4 personnes

- Lait de coco.
- Pâte de curry (rouge ou vert).
- Gingembre frais râpé.
- Ail.
- Jus de citron vert.
- Sel et poivre.

Préparation :

Faites chauffer le lait de coco dans une casserole.
Ajoutez la pâte de curry, le gingembre, l'ail et le jus de citron vert.
Assaisonnez avec le sel et le poivre.

252. Sauce aux Épinards et Noix de Cajou

Ingrédients : pour 4 personnes

- Épinards frais.
- Noix de cajou.
- Ail.
- Jus de citron.
- Sel et poivre.

Préparation :

Faites cuire les épinards à la vapeur.
Mixez les épinards, les noix de cajou, l'ail et le jus de citron.
Assaisonnez avec le sel et le poivre.

253. Sauce au Roquefort

Ingrédients : pour 4 personnes

- Fromage Roquefort émietté.
- Crème fraîche épaisse.
- Lait.
- Sel et poivre.

Préparation :

Faites fondre le Roquefort dans une casserole avec la crème fraîche et le lait.

Mélangez jusqu'à obtention d'une consistance crémeuse.

Assaisonnez avec le sel et le poivre.

254. Sauce au Citron et au Persil

Ingrédients : pour 4 personnes

- Jus de citron.
- Zeste de citron.
- Persil frais haché.
- Ail.
- Huile d'olive.
- Sel et poivre.

Préparation :

Mélangez le jus et le zeste de citron, le persil, l'ail et l'huile d'olive.

Assaisonnez avec le sel et le poivre.

255. Sauce au Poivre Noir

Ingrédients : pour 4 personnes

- Crème fraîche épaisse.
- Poivre noir concassé.
- Bouillon de volaille.
- Vin blanc sec (en option).
- Sel.

Préparation :

Faites chauffer la crème fraîche avec le bouillon.

Ajoutez le poivre noir et le vin blanc, si utilisé.

Assaisonnez avec le sel.

256. Sauce à l'Ail et au Persil

Ingrédients : pour 4 personnes

- Ail.
- Persil frais haché.
- Jus de citron.
- Huile d'olive.
- Sel et poivre.

Préparation :

Mélangez l'ail, le persil, le jus de citron et l'huile d'olive.

Assaisonnez avec le sel et le poivre.

257. Crème de Noix de Cajou et Herbes

Ingrédients : pour 4 personnes

- Noix de cajou trempées.
- Eau.
- Herbes fraîches (basilic, ciboulette, persil).
- Jus de citron.
- Ail.
- Sel et poivre.

Préparation :

Mixez les noix de cajou avec de l'eau jusqu'à obtenir une consistance crémeuse.
Ajoutez les herbes, le jus de citron et l'ail.
Assaisonnez avec le sel et le poivre.

258. Sauce aux Champignons et Vin Blanc

Ingrédients : pour 4 personnes

- Champignons tranchés.
- Vin blanc sec.
- Bouillon de légumes.
- Crème fraîche épaisse.
- Sel et poivre.

Préparation :

Faites revenir les champignons dans une poêle.
Ajoutez le vin blanc et laissez réduire.
Ajoutez le bouillon et la crème fraîche.
Assaisonnez avec le sel et le poivre.

259. Sauce au Yaourt et Curcuma

Ingrédients : pour 4 personnes

- Yaourt grec nature.
- Curcuma en poudre.
- Jus de citron.
- Ail.
- Sel et poivre.

Préparation :

Mélangez le yaourt, le curcuma, le jus de citron et l'ail.

Assaisonnez avec le sel et le poivre.

260. Sauce au Chocolat Noir et Noix

Ingrédients : pour 4 personnes

- Chocolat noir 70% cacao.
- Lait d'amande non sucré.
- Noix hachées.
- Extrait de vanille.

Préparation :

Faites fondre le chocolat dans une casserole avec le lait d'amande.

Ajoutez les noix et l'extrait de vanille.

Mélangez jusqu'à obtenir une consistance lisse.

Plats internationaux

261. Pad Thaï aux Légumes et Crevettes

Ingrédients : pour 4 personnes
- Nouilles de riz brun.
- Crevettes décortiquées.
- Légumes variés (poivrons, carottes, pousses de soja).
- Sauce soja faible en sodium.
- Sauce nuoc mam + Jus de citron vert.
- Cacahuètes hachées + Coriandre.

Préparation :
Faites cuire les nouilles de riz selon les instructions.
Faites sauter les crevettes et les légumes dans la sauce soja et le nuoc mam.
Ajoutez les nouilles cuites et mélangez avec le jus de citron vert.
Garnissez de cacahuètes hachées et de coriandre.

262. Curry de Légumes à la Noix de Coco

Ingrédients : pour 4 personnes
- Légumes variés (aubergines, courgettes, patates douces).
- Lait de coco.
- Pâte de curry (rouge, vert ou jaune).
- Gingembre frais râpé.
- Citronnelle.
- Basilic thaï.
- Sel et poivre.

Préparation :
Faites cuire les légumes dans le lait de coco avec la pâte de curry.
Ajoutez le gingembre, la citronnelle et le basilic.
Assaisonnez avec le sel et le poivre.

263. Tacos au Poulet Grillé

Ingrédients : pour 4 personnes

- Tortillas de maïs à faible IG.
- Blancs de poulet marinés.
- Légumes (laitue, tomates, oignons).
- Guacamole.
- Salsa maison.

Préparation :

Faites griller les blancs de poulet marinés.
Garnissez les tortillas avec les légumes, le poulet, le guacamole et la salsa.

264. Sushi Bowl

Ingrédients : pour 4 personnes

- Riz brun.
- Saumon ou thon cru (sushi-grade).
- Avocat.
- Concombre.
- Nori émietté.
- Graines de sésame.
- Sauce soja faible en sodium.

Préparation :

Faites cuire le riz brun.

Coupez le saumon ou le thon en dés.

Assemblez le bol avec le riz, le poisson, l'avocat, le concombre et les autres ingrédients.

Arrosez d'un filet de sauce soja.

265. Ratatouille Provençale

Ingrédients : pour 4 personnes

- Aubergines.
- Courgettes.
- Poivrons.
- Tomates.
- Oignon.
- Ail.
- Herbes de Provence.
- Huile d'olive.
- Sel et poivre.

Préparation :

Faites revenir l'oignon et l'ail dans l'huile d'olive.
Ajoutez les légumes et les herbes.
Laissez mijoter jusqu'à ce que les légumes soient tendres.

266. Tajine de Poulet aux Olives et Citron Confits

Ingrédients : pour 4 personnes

- Morceaux de poulet.
- Olives vertes + Citron confit.
- Oignon + Ail.
- Ras-el-hanout (mélange d'épices).
- Bouillon de volaille.
- Coriandre fraîche.
- Sel et poivre.

Préparation :

Faites dorer le poulet dans une cocotte.
Ajoutez l'oignon et l'ail, puis les olives et le citron confit.
Saupoudrez de ras-el-hanout et versez le bouillon.
Laissez mijoter jusqu'à cuisson complète et garnissez de coriandre.

267. Salade Grecque

Ingrédients : pour 4 personnes

- Concombres.
- Tomates.
- Oignon rouge.
- Olives noires.
- Feta.
- Huile d'olive.
- Jus de citron.
- Origano.
- Sel et poivre.

Préparation :

Coupez les concombres, les tomates et l'oignon.
Mélangez avec les olives et la feta.
Assaisonnez avec l'huile d'olive, le jus de citron, l'origano, le sel et le poivre.

268. Riz Frit aux Légumes et Tofu

Ingrédients : pour 4 personnes

- Riz brun cuit et refroidi.
- Tofu coupé en dés.
- Légumes variés (pois mange-tout, carottes, poivrons).
- Sauce soja faible en sodium.
- Huile de sésame.
- Oeufs.
- Ciboule.

Préparation :

Faites sauter le tofu dans l'huile de sésame.
Ajoutez les légumes et la sauce soja.
Poussez les ingrédients sur le côté de la poêle et faites cuire les œufs battus.
Mélangez avec le riz et la ciboule.

269. Couscous aux Légumes et Pois Chiches

Ingrédients : pour 4 personnes

- Couscous complet.
- Légumes variés (courgettes, carottes, pois).
- Pois chiches cuits.
- Bouillon de légumes.
- Cumin.
- Coriandre fraîche.
- Sel et poivre.

Préparation :

Faites cuire le couscous selon les instructions.
Faites cuire les légumes dans le bouillon avec le cumin.
Ajoutez les pois chiches et mélangez avec le couscous.
Garnissez de coriandre, de sel et de poivre.

270. Salade de Quinoa à la Péruvienne

Ingrédients : pour 4 personnes

- Quinoa cuit + Poulet grillé en dés.
- Maïs + Poivrons.
- Coriandre fraîche.
- Jus de citron vert.
- Huile d'olive.
- Sel et poivre.

Préparation :

Mélangez le quinoa, le poulet, le maïs et les poivrons.
Assaisonnez avec la coriandre, le jus de citron vert, l'huile d'olive, le sel et le poivre.

271. Poke Bowl au Saumon

Ingrédients : pour 4 personnes

- Riz brun.
- Saumon cru (sushi-grade).
- Avocat + Concombre.
- Edamame + Algues wakame.
- Sauce soja faible en sodium.
- Graines de sésame.

Préparation :

Faites cuire le riz brun.
Coupez le saumon en dés.
Assemblez le bol avec le riz, le saumon, l'avocat, le concombre et les autres ingrédients.
Arrosez de sauce soja et saupoudrez de graines de sésame.

272. Pâtes à la Puttanesca

Ingrédients : pour 4 personnes

- Pâtes de blé complet.
- Tomates concassées (en conserve).
- Olives noires.
- Câpres.
- Ail.
- Piments rouges séchés.
- Huile d'olive.
- Persil.
- Sel et poivre.

Préparation :

Faites cuire les pâtes selon les instructions.
Faites revenir l'ail et les piments dans l'huile d'olive.
Ajoutez les tomates, les olives et les câpres.
Mélangez avec les pâtes cuites et garnissez de persil, de sel et de poivre.

273. Miso Soup aux Algues et Tofu

Ingrédients : pour 4 personnes

- Pâte de miso.
- Tofu coupé en dés.
- Algues wakame.
- Bouillon de légumes.
- Ciboule.

Préparation :

Faites chauffer le bouillon de légumes.
Dissolvez la pâte de miso dans le bouillon.
Ajoutez le tofu et les algues wakame.
Garnissez de ciboule.

274. Chili Végétarien

Ingrédients : pour 4 personnes

- Haricots rouges cuits.
- Haricots noirs cuits.
- Légumes variés (poivrons, oignons, tomates).
- Chili en poudre.
- Cumin.
- Paprika.
- Coriandre fraîche.
- Sel et poivre.

Préparation :

Faites revenir les légumes dans une poêle.
Ajoutez les haricots cuits, les épices et le sel.
Laissez mijoter jusqu'à ce que les saveurs se mélangent.
Garnissez de coriandre.

275. Bibimbap Coréen

Ingrédients : pour 4 personnes

- Riz brun.
- Viande maigre (bœuf, porc ou poulet) marinée.
- Légumes sautés (épinards, carottes, champignons).
- Œuf au plat.
- Sauce gochujang (pâte de piment coréen).
- Graines de sésame.

Préparation :

Faites cuire le riz brun.
Faites cuire la viande marinée.
Sauté les légumes séparément.
Assemblez le bol avec le riz, la viande, les légumes et l'œuf.
Servez avec la sauce gochujang et saupoudrez de graines de sésame.

276. Moussaka Grecque

Ingrédients : pour 4 personnes

- Aubergines.
- Viande hachée (agneau ou boeuf maigre).
- Tomates en dés (en conserve).
- Oignon.
- Ail.
- Cannelle.
- Muscade.
- Sauce béchamel légère.
- Fromage râpé (en option).

Préparation :

Faites cuire les aubergines tranchées au four.
Faites revenir l'oignon et l'ail, puis ajoutez la viande hachée.
Ajoutez les tomates, les épices et laissez mijoter.
Assemblez les couches d'aubergines, de viande et de béchamel.
Gratinez au four avec du fromage râpé si désiré.

277. Nasi Goreng Indonésien

Ingrédients : pour 4 personnes

- Riz brun cuit.
- Légumes variés (pois mange-tout, carottes, petits pois).
- Œuf brouillé.
- Viande maigre (poulet, crevettes ou tofu).
- Sauce soja faible en sodium.
- Pâte de sambal (piment indonésien).
- Cacahuètes hachées.

Préparation :

Faites sauter les légumes avec la viande dans la sauce soja.
Ajoutez le riz cuit et mélangez.
Intégrez l'œuf brouillé et la pâte de sambal.
Garnissez de cacahuètes.

278. Risotto aux Champignons

Ingrédients : pour 4 personnes

- Riz Arborio.
- Champignons variés (champignons de Paris, shiitake, cremini).
- Bouillon de champignons.
- Vin blanc sec.
- Échalote.
- Thym.
- Parmesan râpé (facultatif).
- Sel et poivre.

Préparation :

Faites revenir l'échalote dans une casserole.
Ajoutez le riz et faites revenir jusqu'à ce qu'il devienne translucide.
Versez le vin blanc et laissez réduire.
Ajoutez progressivement le bouillon de champignons en remuant.
Incorporez les champignons sautés, le thym et le parmesan.
Assaisonnez avec le sel et le poivre.

279. Ceviche Péruvien

Ingrédients : pour 4 personnes
- Poisson cru (cabillaud, tilapia) en dés.
- Oignon rouge.
- Piment rocoto ou jalapeño.
- Coriandre fraîche.
- Jus de citron vert.
- Sel et poivre.

Préparation :

Mélangez le poisson avec l'oignon, le piment et la coriandre.
Arrosez de jus de citron vert et laissez mariner jusqu'à ce que le poisson soit cuit par l'acidité.
Assaisonnez avec le sel et le poivre.

280. Rouleaux de Printemps Vietnamien

Ingrédients : pour 4 personnes
- Galettes de riz.
- Vermicelles de riz cuits.
- Légumes variés (carottes, concombre, laitue).
- Herbes fraîches (menthe, coriandre).
- Crevettes cuites ou tofu.
- Sauce à la cacahuète (beurre de cacahuète, sauce soja, gingembre, ail).
- Jus de citron.

Préparation :
Trempez les galettes de riz dans l'eau chaude pour les ramollir.
Garnissez avec les vermicelles, les légumes, les herbes et les crevettes ou le tofu.
Roulez les galettes et servez avec la sauce à la cacahuète et le jus de citron.

Petites douceurs

281. Truffes à la Noix de Coco et Amandes

Ingrédients : pour 4 personnes

- Noix de coco râpée.
- Poudre d'amandes.
- Lait d'amande non sucré.
- Extrait de vanille.
- Pincée de sel.

Préparation :

Mélangez la noix de coco râpée, la poudre d'amandes, le lait d'amande, l'extrait de vanille et le sel.
Formez des petites boules et réfrigérez.

282. Barres Énergétiques aux Noix et Fruits Séchés

Ingrédients : pour 4 personnes

- Noix variées (amandes, noix, noix de cajou).
- Fruits séchés (abricots, figues, dattes).
- Flocons d'avoine.
- Grain de chia.
- Beurre de noix (amande ou cacahuète).

Préparation :

Mixez les noix et les fruits séchés.
Mélangez avec les flocons d'avoine, les graines de chia et le beurre de noix.
Pressez dans un moule et réfrigérez.

283. Muffins à la Banane et aux Noix

Ingrédients : pour 4 personnes

- Bananes mûres écrasées.
- Farine d'amande.
- Œufs.
- Huile de coco.
- Levure chimique.
- Noix hachées.

Préparation :

Mélangez les bananes, la farine d'amande, les œufs, l'huile de coco et la levure.
Incorporez les noix.
Remplissez les moules à muffins et faites cuire.

284. Pancakes à la Farine de Noix de Coco

Ingrédients : pour 4 personnes

- Farine de noix de coco.
- Œufs.
- Lait d'amande non sucré.
- Levure chimique.
- Extrait de vanille.

Préparation :

Mélangez la farine de noix de coco, les œufs, le lait d'amande, la levure et la vanille.
Faites cuire des petites crêpes dans une poêle.

285. Carrés au Chocolat Noir et Noix

Ingrédients : pour 4 personnes

- Chocolat noir 70% cacao.
- Beurre de noix (amande, cacahuète).
- Noix hachées.

Préparation :

Faites fondre le chocolat avec le beurre de noix.

Incorporez les noix hachées.

Versez dans un moule et réfrigérez.

286. Boules d'Énergie aux Baies

Ingrédients : pour 4 personnes

- Baies séchées (canneberges, myrtilles, goji).
- Noix variées.
- Graines de lin.

Préparation :

Mixez les baies séchées, les noix et les graines de lin.

Formez des boules et réfrigérez.

287. Popsicles aux Fruits

Ingrédients : pour 4 personnes

- Fruits frais mixés (fraises, mangues, framboises).
- Lait d'amande non sucré.
- Extrait de vanille.

Préparation :

Mixez les fruits avec le lait d'amande et la vanille.

Versez dans des moules à popsicles et congelez.

288. Barres au Quinoa Soufflé

Ingrédients : pour 4 personnes

- Quinoa soufflé.
- Beurre de noix (amande, cacahuète).
- Grain de chia.
- Extrait de vanille.

Préparation :

Mélangez le quinoa soufflé, le beurre de noix, les graines de chia et la vanille.

Pressez dans un moule et réfrigérez.

289. Mousse au Chocolat et à l'Avocat

Ingrédients : pour 4 personnes

- Avocats mûrs.
- Cacao en poudre.
- Lait d'amande non sucré.
- Extrait de vanille.

Préparation :

Mixez les avocats, le cacao, le lait d'amande et la vanille.

Réfrigérez pour obtenir une texture mousseuse.

290. Cookies à l'Avoine et aux Pépites de Chocolat Noir

Ingrédients : pour 4 personnes

- Flocons d'avoine.
- Farine d'amande.
- Œufs.
- Pépites de chocolat noir.
- Beurre de noix (amande ou cacahuète).
- Extrait de vanille.

Préparation :

Mélangez les flocons d'avoine, la farine d'amande, les œufs, les pépites de chocolat, le beurre de noix et la vanille.
Formez des cookies sur une plaque et faites cuire.

291. Yaourt Grec aux Fruits Rouges

Ingrédients : pour 4 personnes

- Yaourt grec nature.
- Fruits rouges (framboises, fraises, myrtilles).
- Noix hachées.

Préparation :

Mélangez le yaourt grec avec les fruits rouges.

Saupoudrez de noix hachées.

292. Tartelettes aux Fruits

Ingrédients : pour 4 personnes

- Croûtes de tartelettes à base de noix (amande, noix).
- Fruits variés (pêches, baies, kiwi).
- Gelée d'abricot sans sucre ajouté.

Préparation :

Remplissez les croûtes de tartelettes avec les fruits.

Badigeonnez de gelée d'abricot.

293. Compote de Pommes Cannelle

Ingrédients : pour 4 personnes

- Pommes coupées en dés.
- Cannelle.
- Jus de citron.

Préparation :

Faites cuire les pommes avec la cannelle et le jus de citron.

Mixez pour obtenir une compote lisse.

294. Pudding de Chia à la Vanille

Ingrédients : pour 4 personnes

- Graines de chia.
- Lait d'amande non sucré.
- Extrait de vanille.
- Édulcorant naturel (stevia, érythritol).

Préparation :

Mélangez les graines de chia, le lait d'amande, la vanille et l'édulcorant.

Réfrigérez pour que les graines absorbent le liquide.

295. Smoothie Bowl aux Baies

Ingrédients : pour 4 personnes

- Baies mixées (myrtilles, fraises, framboises).
- Lait d'amande non sucré.
- Édulcorant naturel.
- Toppings (amandes, graines de chia, noix de coco).

Préparation :

Mixez les baies avec le lait d'amande et l'édulcorant.

Versez dans un bol et ajoutez les toppings.

296. Bouchées aux Noix et Dattes

Ingrédients : pour 4 personnes

- Noix variées.
- Dattes dénoyautées.
- Cannelle.

Préparation :

Mixez les noix et les dattes avec une pincée de cannelle.

Formez des petites bouchées et réfrigérez.

297. Glace à la Banane et au Cacao

Ingrédients : pour 4 personnes
- Bananes mûres congelées + Cacao en poudre.

Préparation :
Mixez les bananes congelées avec le cacao jusqu'à obtenir une texture crémeuse.

298. Cubes de Gelée aux Fruits

Ingrédients : pour 4 personnes
- Jus de fruits naturels (orange, pomme).
- Agar-agar.

Préparation :
Faites chauffer le jus de fruits avec l'agar-agar.
Versez dans un moule et laissez prendre au réfrigérateur.

299. Barres de Coco et Amandes

Ingrédients : pour 4 personnes
- Noix de coco râpée + Poudre d'amandes.
- Lait d'amande non sucré + Extrait d'amande.

Préparation :
Mélangez la noix de coco râpée, la poudre d'amandes, le lait d'amande et l'extrait d'amande. Formez des barres et réfrigérez.

300. Carrés aux Noix de Cajou et Matcha

Ingrédients : pour 4 personnes
- Noix de cajou + Poudre de matcha.
- Huile de coco + Édulcorant naturel.

Préparation :
Mixez les noix de cajou avec la poudre de matcha, l'huile de coco et l'édulcorant.
Versez dans un moule et réfrigérez.

Printed in France by Amazon
Brétigny-sur-Orge, FR

19676013R00098